共感経営

「物語り戦略」で輝く現場

野中郁次郎
勝見 明

日本経済新聞出版

まえがき

共感経営とは、どのようなものなのでしょうか。

企業経営や事業の遂行において、共感を起点とし、ものごとの本質を直観するなかで、「跳ぶ仮説」を導き出し、イノベーションを起こす、もしくは、大きな成功に至る。そのプロセスにおいても、さまざまな局面で共感が介在し、共感の力がドライブや推進力となって、論理だけでは動かせないものを動かし、分析だけでは描くことのできないゴールに到達する。それが共感経営です。

その共感は、顧客への共感、トップやリーダーの社員やメンバーに対する共感、メンバー同士の共感、顧客から企業に対する共感など、さまざまな関係性において立ち現れます。

共感経営は、人と人との間の共感がベースですが、対象がモノであって、モノと全身全霊で向き合って、物我一体の境地でそのモノになりきり、モノがコトになると、そこに共感的な世界が生まれます。

「経営学の父」と呼ばれ、著者らが尊敬するピーター・F・ドラッカーは著書のなかで、二一世紀は「知識こそが唯一の意義ある経営資源となる」として、「知識社会」の到来を未来予測し、組織はモノや情報を前提とするのではなく、知識を前提とする観点からとらえ直さなければならない転換期にあると指摘しました。

　そして、「今いえることは、知識を富の創造過程の中心に据える経済理論が必要とされているということである」と、新しい理論の登場を待望しました。野中郁次郎が構築した知識創造理論はその要請に応え、人、モノ、金、情報に加え、知識をもっとも重要な経営資源と位置づけました。

　本書は、その知識のなかでも、言葉や数字では表せない思いや理念などの暗黙知を共有する共感を、いわば〝六番目の経営資源〟として提示するものといえます。

　なぜ、企業経営や事業の遂行において、共感が重要な意味を持つのか。人間の活動や行動にとって、共感が不可欠なものであることを、興味深い二つの例で示しましょう。一つ目は、著者らが実際に取材した日立製作所の人工知能（ＡＩ）、「Ｈ」を使ったあるコールセンターでの実験です。

　電話で営業を行う、そのコールセンターの一日の受注率は日や拠点により、最大三倍の開きがありました。そこで、オペレーターたちに首から提げる名刺大の名札型センサーを約一カ月間装着してもらい、受注率を左右する要因を調べることにしました。このセンサーは、加速度センサーで装着者の微細な身体の動きを記録し、赤外線センサーで誰と誰がいつどこでどのくらい対面していたかをセンシングでき、そのデータをＨが分析します。

それまでに行われた実験で、人の身体の動きとその人の幸福度には相関があり、幸福度の高い人は、発言、うなずき、歩行、タイピングなど行動の種類を問わず、動きのある状態が長く続き、低い人はその逆の傾向があることが確認されていました。

いよいよ実験です。結果、受注率の違いはオペレーターのスキルとは何の相関もなく、受注率の変動の主な要因はオペレーターのその日の幸福度の変動であることが判明します。幸福度が平均より高い場合の受注率は、低い場合と比べて三四％も高かったのです。

そして、このコールセンターでオペレーターの幸福度を決める意外な要因も判明します。それは休憩時間におけるオペレーターの身体活動の活発度でした。休憩中にオペレーター同士の雑談が活発だった日はコールセンターの集団全体の幸福度が高く、受注率も高かったのです。

さらに、休憩中に雑談が弾む要因も突き止めました。それは、業務中のスーパーバイザー（管理者）の適切なアドバイスや励ましの声かけにあることをデータは示していました。そこで、スーパーバイザーの声かけを支援するアプリケーションを提供したところ、集団の幸福度が高まり、受注率を継続的に二〇％以上向上させることができたのです。

もう一つは、あるホームセンターで人間と人工知能Hのどちらが売り上げを伸ばせるか、結果を競った実験の話です。人間のほうは流通業界で実績のある専門家二人が担当しました。専門家は会社や店舗でのヒヤリング、現場観察、事前データから、ＬＥＤ電球などの注力商品群を決め、目立つ棚で展開し、ＰＯＰ広告を設置したりしました。

一方、Hを使った実験では、名札型センサーを店長、店舗スタッフと、顧客に協力を得て装着してもらい、購買に関する人間の行動を計測したデータを分析しました。

一〇日間にわたり、顧客やスタッフの身体運動や店内行動を計測したデータのほか、POS（販売時点情報管理）の販売データや店内の商品配置情報を入力します。

するとHは、売り上げを伸ばすための意外な答えを提示しました。それは、店内のある特定の場所にスタッフがいることでした。入り口正面の通路の突き当たりのマグネットと呼ばれる売場で、スタッフが一〇秒間滞在時間を伸ばすごとに、そのとき店内にいる顧客の購買金額が平均一四五円も向上すると予測したのです。

いよいよ勝負開始です。一カ月後、軍配はHに上がりました。専門家が考えた対策は売り上げにほとんど影響を与えませんでした。一方、Hが示した場所（「高感度スポット」とも呼ばれた）にスタッフがなるべくいるように指示したところ、スタッフの高感度スポットでの滞在時間が一・七倍に増加し、店全体の顧客単価が一五％も向上したのです。

データはさまざまな変化を示していました。スタッフが高感度スポットに長く滞在した結果、接客する時間が全般的に増え、接客時の身体運動も活発化しました。注目すべきは、まわりでスタッフから来店客が接客されている場面が多くなると、それを見た顧客の身体活動の活発度が高まり、滞在時間が増え、人通りの少なかった高価格商品の棚も回るようになり、購買金額が増える効果が見られたことでした。簡単にいえば、スタッフの配置変更が店内のにぎわいをもたらし、業績向上に結びついたのです。

Hは顧客の購買行動について、スタッフの対応などの周囲の状況との関係性を定量的に計測して、人間が思いもつかない、しかも、より人間らしい仮説を導き出したのは驚きでした。

この二つの実験結果を解くキーワードは「出会い」と「共感」です。

コールセンターでは、スーパーバイザーがオペレーターにアドバイスや声かけをするとき、そこには出会いがあり、互いに共感がわき上がります。休憩中のオペレーター同士の雑談も同様です。ホームセンターでの顧客とその近くで接客をしているスタッフとの間にも出会いがあり、顧客は接客をするスタッフの姿に共感を抱くでしょう。

この出会いと共感が、コールセンターでは受注率の向上、ホームセンターでは顧客単価の上昇と結びつく。二つの実験結果は、出会いと共感、とりわけ共感がいかに人間の活動や行動にドライブをかけるかを示しています。

人と人との間の共感は、当然、目には見えません。もし、暗視スコープのように、目に見えない共感の線が見える〝エンパシー・ゴーグル〟のようなものがあったら、そのコールセンターとホームセンターには、共感の世界がきらびやかなまでに光り輝いていたでしょう。

コールセンターでオペレーターの生産性向上のため、スーパーバイザーからのアドバイスや声かけを増やす。ホームセンターで売り上げ向上のため、スタッフを高感度スポットに立たせ、顧客との接点を増やす。人工知能は膨大な計測データから特定のパターンを見つけ出して

「本当の答え」を出しました。どちらのアイデアも、論理や分析からは導き出せません。論理分析的な解決策は、コールセンターの場合、スキル教育強化であり、ホームセンターの場合、専門家が考えたように分析的には注力商品群の重点展開となるでしょう。

では、人が「本当の答え」に至るにはどうすればいいのでしょうか。そこで必要なのが共感経営です。

外から相手を分析するのではなく、相手と向き合い、相手の立場に立って、相手の文脈のなかに入り込んで共感すると、視点が「外から見る」から「内から見る」に切り変わり、それまで気づかなかったものごとの本質を直観できるようになります。そして、ものごとの本質を直観するなかで発想をジャンプさせて跳ぶ仮説を導き出す。

コールセンターであれば、運営責任者やスーパーバイザーがオペレーターと共感し、ホームセンターであれば、店長やスタッフが顧客と共感し、本質を直観して跳ぶ仮説を導き出して「本当の答え」に到達する。それが共感経営のあり方です。

人間関係の本質は共感にある。本書は、企業経営や事業におけるイノベーションや大きな成功は、論理や分析ではなく、「共感→本質直観→跳ぶ仮説」というプロセスにより実現されることを九つのケース、および三つの参考事例で示します。

そして、共感とは、本質直観とは、跳ぶ仮説とはどのようなものなのか、それらのプロセスをたどるとなぜ、イノベーションや大きな成功を実現できるのか、共感経営のあり方を野中の提唱する知識創造理論により解き明かすことを目的とします。

さらに、共感を起点にしてイノベーションを起こすには、市場データなどをもとにした分析的戦略では難しく、「いま、ここ」の状況に対して、その都度、最適最善の判断を行い、実行していく「物語り戦略」が必要であることを事例で示します（本書では名詞形の「物語」ではなく動詞形の「物語る」をイメージさせる「物語り」と表記します）。

さらに、物語り戦略はどのように形成し、実践していけばいいのか、「プロット（筋書き）」と「スクリプト（行動規範）」という二つの要素から解明します。

共感経営を生み出すにはどんなマネジメントが求められるのか。物語り戦略を推進するための条件はどのようなものか。イノベーションを可能にした知の作法、すなわち知識創造の思考行動様式のエッセンスを抽出します。

本書の特徴は、具体的な事例とそれを読み解く理論を合体させたところにあり、それはジャーナリストと経営学者という、著者らの組み合わせがあって初めて可能であり、その組み合わせが本書の独自性を生み出しています。

著者らは、人と組織に関するマネジメント誌『Ｗｏｒｋｓ』（リクルートワークス研究所・隔月刊）で二〇〇二年より、日本企業・組織のイノベーション事例や成功事例を一緒に取材する連載「成功の本質」を一八年間続けてきました。これまでに取り上げた事例は一〇七例（二〇二〇年四月現在）におよびます。

　その事例をもとに、これまで『イノベーションの本質』『イノベーションの作法』『イノベーションの知恵』『全員経営』を上梓してきました。

　本書は、過去五年の間に現場を取材した事例のなかから、共感経営を実践し、物語り戦略を遂行して、イノベーションを達成し、大きな成功に至った事例を選りすぐり、単行本用に新たに構成しました。どの事例も、読者の関心の高さや社会的な注目度、話題性を物差しにして選んだものであり、著者らが、そこに登場する現場の人々の取り組みそのものに強く共感したものばかりです。

　事例は「物語り編」と「解釈編」で構成されます。物語り編はドキュメンタリー形式（文体は「である」調）、解釈編は一転、著者らが読者に語りかける「経営講義」（「です・ます」調）の形をとってあります。ケースを読んだあとで講義に耳を傾けるといったイメージです。

　物語り編はジャーナリストの勝見明が、解釈編の経営講義は経営学者の野中が理論的な解明を担当し、勝見も適宜加わる方式で構成しました。なお、登場人物の肩書きは原則として、その仕事にかかわった当時のものを使い、物語り編では敬称を略させていただきました。データ類は必要に応じて最新のものに更新しました。

　本書が読者の共感を得て、共感経営および物語り戦略の推進のお役に立てることを願うばかりです。

目次

第2章

イノベーションは「共感・本質直観・跳ぶ仮説」から生まれる

第4章 不確実性の時代を「物語り戦略」で勝ち抜く

装丁・竹内雄二

序章

共感と物語りが紡ぐ経営

アダム・スミスが二六〇年前に提起した「他者に対する共感」の重要性

著者の野中郁次郎が、経済学の祖、アダム・スミスのイギリス・エジンバラにある旧宅において、二日間にわたって開かれたカンファレンス（会議）に招聘されたのは、二〇一九年七月のことでした。

会議のテーマは「資本主義の再構築」です。野中が留学して博士号（Ph. D.）を取得した米カリフォルニア大学バークレー校ハース・スクール・オブ・ビジネスとエジンバラ大学のビジネススクールの共催で、各国からさまざまな分野の学者、政策担当者、企業家たちが約三〇〇名参加しました。

自国の利益を優先する「新重商主義」が世界に広まるなか、資本主義とグローバルな秩序をいかにしてつくり直していくか。議論を重ねながら、もっとも注目が集まったのは、「いまこそアダム・スミスの原点に戻るべきである」との問題提起でした。

その問題提起の中心となった概念は、ほかでもない「他者に対する共感」でした。

個人が利益を追求すると、「見えざる手」（市場の価格調整メカニズム）により、社会的な利益につながる。自由競争の効用を説くのがスミスの著作『国富論』の主要メッセージであると、理解されてきました。

しかし、自由競争の側面が強調された結果、株主資本主義への過剰な傾斜を招き、社会に歪みが生じてしまった。資本主義の現状への危機感から、会議で改めて関心が向けられたのが、代表的著書『国富論』より一七年前に書かれたスミスの最初の著作で、思想的基礎をなすとされる『道徳感情論』で示された人間観や社会観でした。

スミスは生涯で二冊の著作を著しました。一七七六年に出版した『国富論』は経済学について論じたのに対し、一七五九年の『道徳感情論』は倫理学の系統とされます。この『道徳感情論』において、スミスは、人間の心の作用の本性は、「他者に対する共感」(「同感」と訳す翻訳本もある)にあると説きました。

「他者に対する共感」をもとに社会の規律(discipline)が導かれ、「見えざる手」により、よりよい社会が形成され、そのうえで自由競争が成り立ち、社会の利益が促進される。スミスが説いた「他者に対する共感」とそれにもとづく社会の規律を再認識すべきという観点から、会議では顧客への共感の重要性と、株主価値最大化を志向する株主資本主義偏重の誤りが確認されたのです。

また、顧客とともに、従業員の位置づけも議題となりました。これまでは株主価値を優先した結果、従業員は仕事の尊厳が奪われた使い捨ての「人的資源(human resource)」として扱われてきた。しかし、知識が資源となる知識社会においては、従業員たちによるチームの重要性が増大する。そのとき、従業員同士、あるいは、経営者と従業員との間での共感が新しい知を生む原点となると、認識を新たにしたのです。

米経済界も「脱・株主第一主義」を宣言

その翌月の二〇一九年八月、エジンバラでの会議の結論に呼応するかのような声明が、アメリカ最大規模の経営者団体「ビジネス・ラウンドテーブル」から発せられます。

これまでの「株主第一主義」を根本から見直すことを宣言する。発表された宣言文では、尊重する利害関係者の優先順位として①顧客、②従業員、③取引先、④地域社会、⑤株主の順にあげ、株主利益は五番目に位置づけられたのです。

声明文の正式名称は「パーパス・オブ・ア・コーポレーション」でした。パーパス（purpose）の訳語は「目的」ですが、最近は「存在意義」を意味するようになったといわれます。企業の存在意義は、本書においてももっとも重要な概念の一つです。

「『アメリカ全国民を助ける経済』を推進するため企業の目的を再定義する」とうたったこの声明文の署名者には、同団体の会長を務めるJPモルガン・チェースのジェイミー・ダイモンCEOのほか、アマゾン・ドット・コムのジェフ・ベゾスCEOやゼネラルモーターズ（GM）のメアリー・バーラCEOなど、一八一名の名だたる経営トップが名を連ねました。

五〇年近い歴史を持ち、一九九七年には「株主第一主義」を宣言した同じ経営者団体が二二年後には「脱・株主至上主義」に転じた。株主資本主義や米国型経営が大きな転換点を迎えていることを物語りました。

マイクロソフトCEO、サティア・ナデラが実践する「共感の経営」

実際、アメリカの経営者のなかにも、共感の重要性を唱える動きが出ています。その代表格は、マイクロソフトのCEO、サティア・ナデラでしょう。

コンピュータ事業が頭打ちになり、GAFAの躍進の陰で、検索、スマートフォン、クラウドなどの新たな分野への進出に立ち後れたマイクロソフトのV字回復を達成し、時価総額世界一位へと導いた立役者です。

二〇一四年に前CEO、スティーブ・バルマーの後を引き継いでCEOに就任したナデラは、「マイクロソフトの存在意義は何か」を問い、パーパスの再発見に向け、企業文化の変革を最優先課題に掲げました。その変革のキーとなる概念として、「共感」を中心に置き、「共感の経営」を提起したのです。

自身の半世紀を回顧しつつ、企業変革の軌跡を綴った自著『ヒット・リフレッシュ――マイクロソフト再興とテクノロジーの未来』（日経BP　二〇一七年）のなかでもっとも多く登場する言葉は「共感」です。いくつか引用してみましょう。

「（わたしは）長い間にさまざまな経験を経るうちに、心から情熱を捧げられる哲学を築き上げた。それは、『新しいアイデア』を『他者への共感力の向上』に結びつけることである。というのも、アイデアは私の活力源であり、共感は私の基軸だからだ」

「本書は変革をテーマにしている。他人への共感や他人に力を与えたいという欲求を原動力に、私の心の中やわが社の中で現在起きている変革である」
「1日中オフィスのパソコンに向かっているだけでは、共感できるリーダーにはなれない。共感能力の高いリーダーになるには、世の中に出て、実際の生活が営まれている場所で消費者に会い、私たちが生み出したテクノロジーが人々の日常生活にどう影響を及ぼしているかを確かめる必要がある」

また、「共感＋共通の価値観＋安全と信頼性＝価値の持続」が自らのビジネスの「方程式」であるとして、こう述べます。

「私の方程式で『共感（Empathy）』が最初にきていることに注目してほしい。企業が製品を設計する場合も、議員が政策を立案する場合も、人々やそのニーズに共感を持つことから始めなければいけない」

ナデラは、顧客に対する共感とともに、社内での互いの共感やチームのメンバーへの共感も同様に重視します。これは、日本マイクロソフトの前社長で、現在、アメリカ本社のバイスプレジデントの職にある平野拓也氏から野中が聞いた話ですが、ナデラがCEOになってから、アメリカ本社から役員が来て開かれるボードミーティングのやり方が一変したといいます。

以前は、業績の数値をもとに、計画のどこが達成できて、どこが未達成かを長時間かけて分析する場だった。それが、「数値は見ればわかる」として分析的なミーティングはやめ、出席者一人ひとりが自分が歩んできた人生のヒストリーや人生観を語り、共感し合う場へと変わったとのことでした。これは、ナデラがアメリカ本社の経営執行チームのミーティングに導入したやり方でした。

ナデラが共感を自らの哲学の中心に据えるのは、未熟児で生まれた長男が子宮内窒息が原因で重度の脳性麻痺になり、障害を背負うようになったことや、自身はインド出身で、人々の苦しみに寄り添った仏陀の教えに触れたことなどが背景にあるようです。

ナデラが共感の経営、共感力のリーダーシップを軸にマイクロソフトの企業文化を変革していったプロセスと、V字回復が達成されていったプロセスが重なるとすれば、多くの企業で求められている変革の方向性のモデルをそこに見ることができるのです。

日本企業が陥っている〝三大疾病〟

日本企業はいま、オーバー・アナリシス（分析過剰）、オーバー・プランニング（計画過剰）、オーバー・コンプライアンス（法令遵守過剰）という、三つの過剰による〝三大疾病〟に陥って活力を失い、組織能力の弱体化が進んでいます。

分析をし、計画を立て、法令遵守をしていれば、それで経営ができていると思い込んでいる。いわば、分析中毒、計画中毒、法令遵守中毒ともいうべき症状です。すべては、一九九〇年代以降、アメリカ流の分析的経営に過剰適応するあまり、自社の存在意義が見えなくなっていることに起因します。

現場を知らない本社からの指示をこなすのが精一杯で、ミドルクラスや現場の第一線がストレス過多で疲弊している。これが多くの日本企業の現状でしょう。

その一方で、現場が活性化し、社員一人ひとりが活き活きと仕事に向き合い、イノベーションや大きな成功を実現しているケースも少なからずあります。それらのケースに共通しているのは、企業と顧客、トップと部下、社員と社員、メンバーとメンバーとの出会いの場があって、つながりが生まれ、そこでわき上がる共感が新しい価値を生む原動力となっていることです。

もう一つの共通点は、市場環境や自社の内部資源を分析し、市場における最適なポジショニングを見いだそうとするアメリカ流の分析的戦略ではなく、自分たちはどうあるべきかという存在意義を問いながら、組織としてのビジョンを実現するため、「いま、ここ」の状況において、その都度、最適最善の判断を行い、実行し、成功に至る物語り戦略（ナラティブ・ストラテジー Narrative Strategy）を実践していることです。

現代は、不安定で変化が激しく（変動性＝Volatility）、未来を予測することが困難であり（不確実性＝Uncertainty）、仕組みが複雑で（複雑性＝Complexity）、問題も課題も明確ではない（あいまい性＝Ambiguity）。「ＶＵＣＡ（ブーカ）ワールド」と呼ばれる時代にあって、市場環境を静態的、固定的にとらえる分析的戦略では限界があります。

一方、物語り戦略は、絶えず変化する状況に動態的、流動的に対応していくため、変動性や不確実性が高いなかでも、成果に至ることができます。そのため、海外の経営学においても、物語り戦略が注目されています。

また、分析的戦略においては、経営主体である人間の主観や価値観は介在しませんが、物語り戦略においては、「自分はどうありたいのか」という人間の主観や価値観が重要な意味を持ちます。その戦略のあり方は、きわめて人間中心的（ヒューマン・セントリック）となるため、人間としての「生き方」が問われ、生きがいや働きがいを生みます。

「キリンビール高知支店の奇跡」に見る「共感のマネジメント」

野中は先ごろ、二〇万部を超えるベストセラーになった『キリンビール高知支店の奇跡』の著者で、元キリンビール副社長の田村潤氏と月刊誌『Voice』誌で二度ほど対談させていただく機会がありました。

その後、田村氏は自らの経営手法を知識創造理論で読み解く著書『負けグセ社員たちを「戦う集団」に変えるたった一つの方法』（PHP研究所　二〇一八年）も出版されました（この著作で知識創造理論での読み解きと構成は勝見が担当させてもらいました）。

田村氏が主導した「高知支店の奇跡」は、まさに三大疾病に陥っていた状態から、共感の力と物語り戦略により実現したものでした。

田村氏は一九九五年、四五歳でキリンビール高知支店に支店長として赴任します。何かと上司と対立していたため、この異動は社内外で「左遷」といわれました。

着任当時、キリンビールはアサヒビールのスーパードライの大ヒットに押され、売上高は低下の一途をたどっていました。特に高知支店の成績は全支店のなかでも最下位クラスで、ついにはアサヒビールに県内シェア一位の座を奪われてしまいます。

当時、支店では、本社が市場データなどの分析をもとに次々と出してくる施策の指示をこなすだけの営業スタイルで、社員たちには何の危機感もありませんでした。

その指示は、毎月一五〜二〇項目にもおよび、指示をこなすことに追われる毎日で、成果に結びつかなくても、どこに問題があるのか検証する時間がないうちに、次の指示が下りてくる。支店長も上への報告に追われ、部下を指導する余裕もない。本社の指示にしたがうほど、現場力が劣化していきました。

田村氏は後に、副社長兼営業部長として本社に戻るのですが、本社を内と外の両方から見て感じたのは、本社が次々と指示を出すのは、実は経営トップも、企画部門も、それで「安心感」を得ているところが多分にあるのではないかということでした。

企画部門がデータを添え、誰もが反対しない施策を提案すれば、会議はとおる。経営トップは、新しい施策があれば、株主に対しても説明責任も果たせるので安心する。企画部門は、自分たちの考えた施策が会議でとおったことで安心する。予定が未達なのは現場がそれをきちっと実行できていないからであると、現場の責任に転嫁し、本社の責任は回避できるので、安心する。まさに分析的戦略に傾倒した分析中毒、計画中毒の症状です。

高知支店長だった田村氏はこの状態を打破しようとします。不調のどん底にあって、キリンビールという企業に存続価値があるのかと思い詰めた末に、独自に「理念にもとづく支店改革」に踏み出すのです。

「高知の人々に美味しいキリンビールを飲んでもらい喜んでもらう」ことを自分たちの「理念」として掲げ、「どこに行ってもキリンビールがあるようにする」という「あるべき姿」を描き、「あるべき姿」と「現実」のギャップを埋める「戦略」を実行する。

具体的には、営業マンが料飲店、酒販店、量販店を一軒でも多く回ることを基本の行動スタイルとして徹底して実践させました。回る軒数は、多い営業マンになると、一カ月に二〇〇軒にもおよびました。取引先との出会いの場を可能な限り持とうとしたのです。

やがて、単なるセールスではなく、理念を持って訪問を重ねる営業マンたちに、店主たちも共感を抱くようになり、取引量が増えていきます。そして、改革に着手してから四年目の二〇〇一年にはついに県内シェア首位の座を奪回するのです。

それは、以前は惰性で仕事をしていた営業マンたちが、戦略の実践をとおして、田村氏の掲げる理念に次第に共感し、やりがいを持って回り続けた成果でした。

その間、本社からの指示は棚上げしたり、受け流したりしていましたが、やがて、本社のなかにも、高知支店のやり方が、支店の利益という利己的な目的ではなく、高知の人々の喜びという利他を目的としていることを理解し、共感して支援してくれる応援団のような存在があらわれるようにもなりました。

その後も、田村氏は四国地区本部、東海地区本部でも同様の改革を実行して成果を上げます。東海地区本部では、会議ばかりの現状を変えようと、会議禁止を打ち出したため、社員たちは部門間やチーム間の壁を超えて出会うようになり、短時間の立ち話程度でも意思疎通できるほど、自発的に「場」をつくっていきました。田村氏は本社の副社長となって凱旋すると、二〇〇九年にはアサヒビールに奪われた全国でのシェアトップの座を奪回するに至るのです。

田村氏が行ったマネジメントは、まさに共感によるマネジメントであり、その戦略は、主人公が未知の世界へと旅立ち、試練を乗り越えながら目的を達成し、帰還するというロマンス劇もしくは英雄物語の筋立てであり、物語り戦略そのものでした。

三大疾病に陥っている日本企業が取り戻すべきは、共感経営であり、物語り戦略にほかなりません。

第1章

価値を生む経営は「出会い」と「共感」から生まれる

1

ケース1

佛子園 Share（シェア）金沢

障害者も高齢者も住民も「ごちゃまぜ」で共生する福祉がまちづくりの核になる

【イントロダクション】

佛子園《ぶっしえん》は主に知的障害者（児）の入所支援や就労支援を行う社会福祉法人です。共感経営をテーマとする本書で、社会福祉法人の事例を最初に取り上げるのは、人と人との関係の本質は共感にあることを示すためです。

佛子園はあるとき、廃寺寸前だったお寺の再生を委託されたことから、お寺を利用した地域コミュニティ施設をつくることになります。そこから知的障害者、認知症高齢者、地域の住民や子どもたちが一緒に利用する「ごちゃまぜ」の場をつくり出します。

するると、さまざまな状態に置かれた人々の間で「化学反応」が生まれるようになり、さらには、地域の人口が増えて活性化し始めたのです。その原動力となったのは、人と人との間でわき上がる共感でした。

この事例では、佛子園の事例を入り口として、人が人に対して共感するのは、哺乳類が誕生してから二億年以上にわたる進化の過程で本能的に身につけたものであることを動物行動学の知見により示します。また、神経科学の面からも、人間の脳のなかには相手への共感を喚起する細胞が存在するという研究成果を紹介します。

これにより、人がつくり出すテクノロジーがいかに進歩しても、人間の原点は「共感する生きもの」であることを再確認します。

「ごちゃまぜ」が生む共感はなぜ、地域再生を可能にしたのか

❶「生涯活躍のまち」構想の先進モデルとして注目される

石川県金沢市の郊外。東京ドームのグラウンドの三倍弱の広さの約三万六〇〇〇平方メートルエリアに、「Share（シェア）金沢」は二〇一四年に開設された。障害児入所施設が三棟、サービス付き高齢者向け住宅が三二戸、学生向け住宅が八戸建ち並び、約九〇人が暮らす。通所の障害者就労支援、高齢者デイサービスなども提供される。

加えてエリア内に、一般的な福祉施設では見られない天然温泉、蕎麦処、カフェバー、料理教室、タイ式マッサージ店、学童クラブ、フットサル施設などがあり、多くの地域住民が出入りする。ドッグランにアルパカ牧場も人気だ。運営するのは隣の白山市に本部を置く社会福祉法人の佛子園だ。シェア金沢の清水愛美施設長が話す。

「障害のある子どもたちが学校から帰ってきたあと、普通の施設では職員しか待っていませんが、ここではシニアの方たちも、学生さんも、ドッグランを利用しに来る地域の人たちもい

て、子どもたちを受け入れ、対話をしてくれる。子どもたちも、何かあるとお手伝いをしたいといい出したり。いろいろな人たちとの関係性のなかで成長していくことができるのです」

最近、リタイア世代が第二の人生を送る「CCRC（Continuing Care Retirement Community＝継続的なケア付きの高齢者のコミュニティ）」というアメリカ発祥の概念が注目される。日本政府も地方創生に向け、中高年が希望に応じて地方に移住し、地域住民と交流しながら、必要な医療・介護を受けられる日本版CCRCの「生涯活躍のまち」構想を推進している。シェア金沢はその先進モデルとして高く評価され、安倍晋三首相をはじめ、視察があとを絶たない。それは、佛子園が既存の地域活性化とは異なる概念を提起したからだ。

「目指すのは〝ごちゃまぜ〟によるまちづくりです」

と話すのは、佛子園の雄谷《おおや》良成理事長だ。

「障害の有無や年齢に関係なく、多様な人たちが〝ごちゃまぜ〟で交流することで、誰もが役割を持ち、機能し、元気になり、地域が活気づく。人生一〇〇年時代に求められるのは、そんな地域共生社会です」

なぜ、「ごちゃまぜ」は人を元気にし、地域を活気づけるのか。佛子園のこれまでの取り組みの軌跡をなぞってみたい。話は雄谷自身の生い立ちから始まる。

❷地域住民に当事者意識を持たせる青年海外協力隊の手法を応用する

祖父は白山市にある寺院、行善寺の住職で、戦後、戦災孤児や居場所のない知的障害児を引き取り、育てていた。一九六〇年、佛子園を設立し、知的障害児入所施設の運営を始めた。翌一九六一年に生まれた雄谷は、小学生のころまで障害児たちと一緒に寝起きし、「ごちゃまぜ」の環境で育った。

金沢大学教育学部に進み、障害者の心理を学ぶと、卒業後、地元の中学校で特殊支援学級の立ち上げに一年半携わった。「自分の力を試したい」と青年海外協力隊に入り、中米ドミニカ共和国で障害者教育の指導者の育成に注力した。

ここで、ＰＣＭ（プロジェクト・サイクル・マネジメント）と呼ばれる青年海外協力隊独自の手法を学ぶ。隊員が任務を終えて帰国したあとも、現地での活動が途絶えることがないように、地域住民が主役となり、当事者意識を持ってもらうような活動を起こす。それがＰＣＭだ。

もう一つ学んだのは、「人々の幸せ感はどこから生まれるか」ということだった。

「ドミニカは経済的に貧しく、社会保障も未整備でした。それでも、人々の幸福感は高いといわれていました。それは、いろいろな人たちが〝ごちゃまぜ〟になって支え合っていたからではないか。たとえば、ある子どもがよく学校に遅刻しました。毎日往復三時間かけて下肢障害のある友人の送り迎えをしていたのです。そこには、人々の暮らしの原風景がありました。一方、日本はモノはあふれていても地域コミュニティは崩壊し、人々の幸福感はけっして高くないと感じました」

帰国後、雄谷は社会の仕組みや地域行政、経済の流れを知ろうと地元の新聞社に入社。メセナや地域起こし事業に従事した。一九九四年、三三歳で佛子園に入ったのは、施設を巣立った知的障害者が就業先で差別や、ときには虐待を受けていることを知り、ショックを受けたからだった。「障害者が安全に働き暮らせる場をつくらなければいけない」。県内に就労施設などを次々と立ち上げていった。

転機が訪れたのは、二〇〇〇年代に入り、小松市野田町にある西圓寺という、廃寺寸前の寺院の再生を檀家だった人々から頼まれたのがきっかけだった。

「お寺は元来、地域の人々が集まり、もろもろの問題を解決する場でした。江戸時代は役所の代わりも担い、子どもの教育も行った。西圓寺の物置からは薬屋や金貸し業の看板も出てきました。お寺は何でも屋だったのです。西圓寺をもう一度、人々が集まり、つながる場に生まれ変わらせよう。その際、地域の人々にお願いしたのは、障害者も来るので心を開いて受け入れてほしいということでした。ただこのときは、共生型の施設をつくろうという意識はまだありませんでした」（雄谷）

❸心身障害者と認知症高齢者が「化学反応」を起こす

再生に向け、雄谷はＰＣＭの手法をとった。ワークショップを開き、住民が主体的な役割を担って地域の問題点を洗い出し、盛り込む機能を絞り込んでいった。二〇〇八年、複合型地域コミュニティ施設「三草二木《さんそうにもく》 西圓寺」が開設される。三草二木は仏教用語で、慈雨が草木に一様に降り注ぐように、資質や能力が異なろうと、仏の教えにより誰もが悟りを得ることができることをいう。

西圓寺には、障害者就労支援や児童発達支援のほか、高齢者デイサービス、介護などの機能が加わった。さらに、新たに天然温泉を掘削して入浴施設を設置。夜は酒場になるカフェや駄菓子屋も設けた。野菜や手づくり品の定期市、週末のライブやコンサートなども開催。これらの施設やイベントを近隣の住民や子どもたちが利用できるようにした。

この「ごちゃまぜ」の環境が予期せぬ「化学反応」（雄谷）を引き起こした。

あるとき、通ってくる認知症のおばあさんが重度心身障害者の男性にゼリーを食べさせようとした。男性は車椅子に乗り、首もほとんど動かせない。初めはうまくいかなかったが、三週間ほど毎日繰り返すうちにゼリーを食べさせられるようになった。男性の首の可動域が広がったのだ。また、おばあさんの深夜徘徊も激減した。そのおばあさんは家で「わたしが行かないとあの子は死んでしまう」と話していた。雄谷が話す。

「理学療法士が二年間で一五度くらいしか改善できなかった首の可動域が、認知症のおばあさんがゼリーを食べさせようとしたら三週間で三〇度まで改善しました。福祉や医療のプロが関与しなくても、二人が出会ったら、互いに役割を見つけ、生きる力を取り戻した。いろいろな人たちが〝ごちゃまぜ〟に共生し、人間と人間がかかわり合うことによって化学反応が起きる。これは大きな気づきでした」

さらなる驚きは、西圓寺がにぎわうにつれ、町内の人口が増え始めたことだった。開設から一一年間で五五世帯から七六世帯に四割も増えることになった。雄谷が続ける。

「Uターンや外からの流入組で、理由を聞くと、西圓寺では障害者も認知症の高齢者も、地域の住民と一緒になっていつも決まってそこにいるのが居心地がいいというのです。福祉の対象の障害者や認知症の人たちがむしろ主人公になり、福祉がまちづくりの核になる。この気づきは感動的でわれわれの活動に転機をもたらしました」

❹共感力により「幸せ」は人から人へ伝播する

この転機を経て生まれたのがシェア金沢だった。閉鎖された病院の広大な跡地に、障害者、高齢者、学生、子ども、地域住民が「ごちゃまぜ」に共生するまちをゼロからつくろうとした。この計画に地方行政から「待った」がかかる。前出の清水が話す。

「同じ建物内に障害者用と高齢者用に廊下を別々に二本つくれというのです。助成金の出所が違うからということでした。共生社会の実現を目標に掲げる厚労省（厚生労働省）に直談判し、一本にすることができましたが、典型的な縦割り行政でした」

「ごちゃまぜ」の発想は縦割りの制度を崩す。

なぜ、「ごちゃまぜ」は化学反応を起こし、居心地のよさを生み出すのか。その効果は「科学的にも証明されている」と雄谷はいう。

「一つは、世界的な動物行動学者フランス・ドゥ・ヴァールが説いた説です。あくびが伝染するように、人は相手の脳の状態を自分の脳のなかでつくり出す能力を持っている。つまり、人間は生まれながらに相手に対する共感力を有していることを示しました。認知症のおばあさんと重度心身障害者の男性の間に生まれたのも共感です。

もう一つは、公衆衛生学の権威ニコラス・A・クリスタキスによる幸せの伝播の研究です。一・六キロメートル圏内で誰かが『幸せ』というと身近な人の一五％、知り合いの知り合いでは一〇％、知り合いの知り合いの知り合いでは六％に幸せが伝わることを実証した。つまり、一人の幸せが面識のない人にも影響をおよぼす。このつながりのベースも人間が本来持つ共感力です。もし地域から隔離された障害者や孤立した高齢者がいたら、幸せのつながりはストップする。でも、〝ごちゃまぜ〟なら幸せを伝えていくことができるのです」

❺「ごちゃまぜ」の構想は政府の指針にも盛り込まれた

シェア金沢に続き、佛子園の活動は、既存の街のなかで「ごちゃまぜ」の場をつくる取り組みへと進化していった。

二〇一六年、白山市の本部施設を大幅刷新した地域コミュニティ施設「B's行善寺」がオープン。障害者や高齢者向け福祉施設、天然温泉、蕎麦処に加え、保育園、クリニック、生花店、カフェ、フィットネスクラブなども揃えた。そして、市内一二カ所に知的障害者向けグループホームを点在させた。

「人口約一一万人の白山市で、B's行善寺には年間四二万人が来場し、三分の二は地域の人たちです。七年間ひきこもりだった青年が来て、〇〜二歳の保育園児を見て以来、毎日休まず会いに来るようになった。ADHD（注意欠陥・多動性障害）で小学校を抜け出してきた子どもが、僧侶でもあるわたしのあげるお経を聞きながら手を合わすと、隣で一歳半の子も一緒に手を合わす。その幼児と仲よくなり、落ち着ける自分の居場所を見つけた。〝ごちゃまぜ〟の効果が日々、さまざまな場面で起きるようになりました」（雄谷）

「生涯活躍のまち」のモデル都市に選ばれた輪島市と連携し、二〇一八年に開設した施設「輪島KABULET（カブーレ）」は、市内の空き家・空き地を活用した。

雄谷は青年海外協力隊の帰国隊員で組織される青年海外協力協会（JOCA）の会長も務める。輪島のプロジェクトでは帰国隊員一〇名とその家族計三三名が移住し、住民とともに企画・運営を担った。

JOCAの帰国隊員が現地に住み込んで支援する形の佛子園モデルによる地方創生は、鳥取県南部町、広島県安芸太田町、長野県駒ヶ根市などでも進んでいる。また、雄谷が提唱する制度の縦割りを越えた「ごちゃまぜ」のコミュニティづくりの構想は、政府が日本の目指すべき将来像を示す「まち・ひと・しごと創生基本方針2019」にも盛り込まれた。

「人生一〇〇年時代を生きる人生戦略に注目が集まりますが、それはもっぱら個人中心の生き方です。一方、日本ではひきこもりになるのは六〇～六四歳の男性がいちばん多く、退職が最大の理由になっています。〝ごちゃまぜ〟の場ではそんなひきこもりの人たちも、人とかかわるなかで元気を取り戻すことができます。個人の人生戦略も大切ですが、同時に地域共生社会のなかで誰もが活躍できるようにすることも重要です。それが世界に先駆け、少子高齢・人口急減社会に直面する日本の対応の仕方、ジャパンウェイだと思います」（雄谷）

人間関係の本質は共感にあり、人間力の本質は共感力にある

経営講義① 人間は生来、「共感する生きもの」である

共感とは、「他者の感情の状態や行為の意味を共有する精神機能」と定義されるのでしょう。要は、他者の視点に立ち、他者と文脈を共有することです。知識創造理論では暗黙知の共有を意味します。暗黙知とは、言葉や文章で表現することが難しい主観的な知です。

本書の目的は、経営やビジネスにおける共感の重要性を具体的な事例で解き明かすことにありますが、その最初のケースとして社会福祉法人の取り組みを紹介したのは、人間関係の本質は共感にあることを示すためです。

「ごちゃまぜ」の効果の科学的根拠として、佛子園の雄谷氏がその説を紹介されたフランス・ドゥ・ヴァールは、霊長類学者として世界でも抜群の知名度を誇り、『タイム』誌の「世界で

もっとも影響力のある一〇〇人」にも選ばれたことがあります。

「今時、強欲は流行らない。世は共感の時代を迎えたのだ」という書き出しで始まる著作『共感の時代へ～動物行動学が教えてくれること』（原著は「THE AGE OF EMPATHY」紀伊國屋書店二〇一〇年）のなかで、あくびや笑いが人から人へ伝染する現象について、「その同調性は、自分自身の体を他者の体に重ね合わせ《マップし》、他者の動きを自分自身の動きにする能力に基づいている」として、そこには「視点取得（＝他者の視点に立つこと）」が働いているとします。

この体のマッピング（重ね合わせ）は、人間の新生児が、大人が舌を突き出すのを見て、自分も舌を突き出すように、生まれて早々に始まります。それは成人してからも変わらないとして、イギリスのトニー・ブレア首相（当時）とアメリカのジョージ・W・ブッシュ大統領（同）の例をあげます。ブレアは自国では普通に歩くのに、親しい関係だったブッシュとアメリカで一緒に歩くと、ブッシュと同じように、腕をだらりと垂らし、ふんぞり返る歩き方になり、突如カウボーイに変身するという話です。

「私たちは周りの人の体に自動的に入り込むので、彼らの動きや感情が、まるで自分のもののように私たちの中でこだまする」として、これを「身体化した認知」と呼びました。

ドゥ・ヴァールは、さまざまな事例や実験結果、理論や学説を紹介しながら、人間は「生まれつき共感的」であり、共感は持って生まれた「本能」であり、無意識のうちに共感することを示します。そして、共感の起源を「子育て」に求める説を紹介し、こう記すのです。

「二億年に及ぶ哺乳類の進化の過程で、自分の子供に敏感なメスは、冷淡でよそよそしいメスよりも多くの子孫を残した」「(母親が子どもに即座に反応する)感受性には途方もなく大きな淘汰圧がかかったに違いない。それに対応できなかったメスは、遺伝子を広められなかった」

人間の共感には、長い進化の歴史という裏づけがある。では、その共感の能力は、人間ののどのような機能によってもたらされるのか。ドゥ・ヴァールは神経科学における「ミラーニューロンの発見」を取り上げるのです。

経営講義② 脳のミラーニューロンが他者への共感を生む

ミラーニューロンとは、「鏡のように相手の行動を自分に映す神経細胞」のことです。一九九〇年代初期、イタリアのパルマ大学の神経生理学研究室でジャコモ・リゾラッティの研究チームにより、サルの実験で発見されました。

ミラーニューロン系には、多様な行為がコード化されているので、相手の身体行為を模倣することにより、自分の体験に照らし合わせて相手の心を推測する、あるいは、相手の行為を目にするだけでも、それに該当する行為が脳内で行われ、その行動の意味が直感的に理解することができます(『ミラーニューロン』ジャコモ・リゾラッティ/コラド・シニガリア著　茂木健一郎監修　紀伊國屋書店　二〇〇九年より)。

ミラーニューロン

鏡のように相手の行動を自分に映す神経細胞

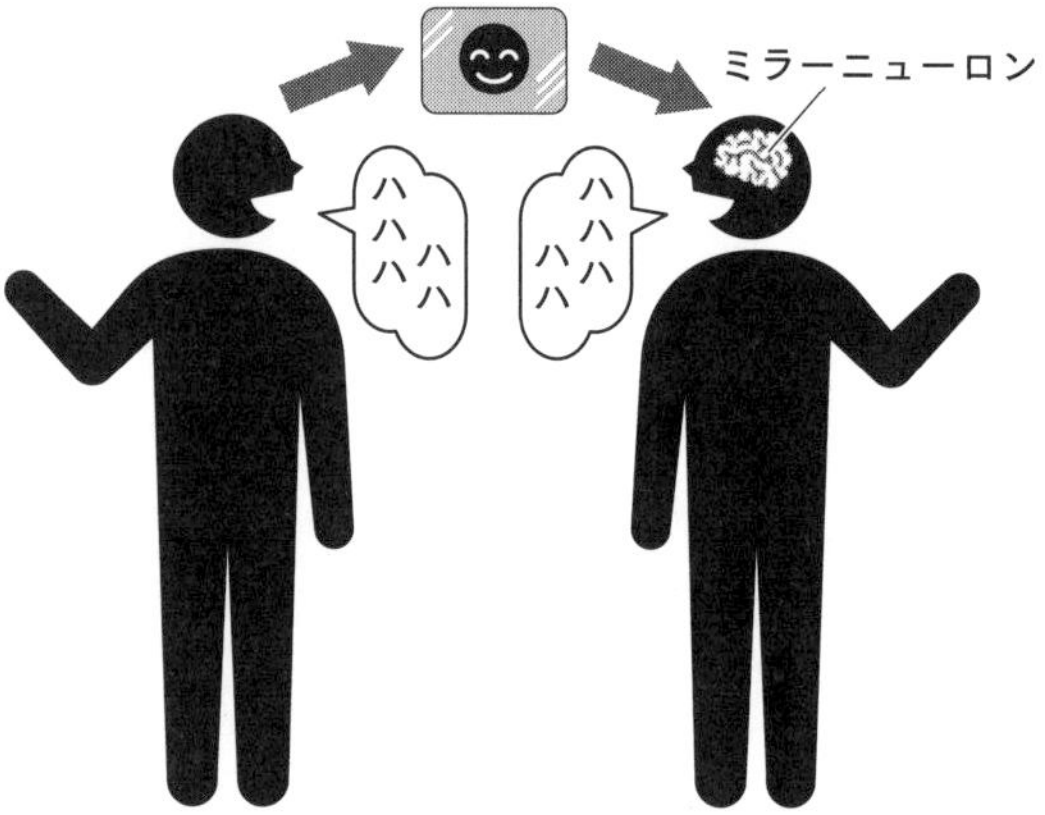

その発見は偶然によるものでした。研究員の一人が研究室で何かをとろうして手を伸ばしたときのことです。ほぼ同時に、椅子に座って次の課題を待っていた一匹のサルの脳に埋め込まれた電極につながっているコンピュータから大きな稼働音が聞こえてきました。サルはおとなしく座っているだけで、何かをつかもうとはしていないにもかかわらず、つかむ行為に関連するニューロンが発火していたのです。

これにより、「サル自身が運動行為（たとえば食べ物をつかむ）を行ったときと、実験者が運動機能を行っているのをサルが見たときの両方で、活性化する」ニューロンが注目されたのです。ミラーニューロンの発見は、「DNAが生物学にもたらしたものを、心理学へもたらすだろう」といわれました。

その後、オランダの神経科学者、クリスチャン・キーザーズたちにより、ヒトの脳でもミラーニューロンのシステムが存在することが確認されます。サルの実験では、脳の運動をつかさどる領域で発見されましたが、キーザーズたちは、感情の領域や体性感覚（知覚）の領域にも存在することを発見しました。

人は他者の動作を見ているとき、あるいは、笑う、怒るなどの他者の感情を表す表情を見ているとき、あるいは、他者が何かを触っているのを見ているとき、自分も同じ動作をしているかのように、同じ感情を抱いているかのように、同じものを触っているかのように、脳の運動システム、感情システム、知覚システムが活性化し、他者の動作の意図を察知し、他者の感情の状態を共有し、他者と感覚を共有しようとする。

つまり、人は、他者の動作、感情、知覚について、「自分が同じ状態を経験するのに用いる領域を使って」理解する。それは、自分と他者の違いを超えた主客一体の世界です。キーザーズは、こうした神経プロセス全般について、新たに「シェアードサーキット」と命名しました（『共感脳――ミラーニューロンの発見と人間本性理解の転換』クリスチャン・キーザーズ著　麗澤大学出版会　二〇一六年より）。

さらに、キーザーズたちは、脳のミラーニューロンの活性化の度合いと、心理学で多用される人の共感性を測定する尺度の得点との間に相関があることを実験で確かめます。つまり、容易に他者の立場に立てる人は、脳のシェアードサーキットでの反応も活発化しているというわけです。

こうして人間は生来、「共感の生きもの」であることが、神経科学の面から明らかにされました。人間の本性が共感にあるとすれば、経営やビジネスの世界においても、その本性に沿うあり方が市場から支持されることを、本書では解き明かしていくことになります。

経営講義③ 共感は利他主義を生む

佛子園の事例において、認知症のおばあさんは、重度心身障害で身体を思うように動かせない男性に共感し、ゼリーを食べさせるという利他的な行動をとるようになり、「わたしが行かないとあの子は死んでしまう」という意識を持つようになりました。

このことは、共感が利他主義を生み出すことを示しているように思います。「ごちゃまぜ」の場があることで、「居心地のよさ」から地域の人口が増えたのも、人々がそこに利他主義を感じ取ったからではないでしょうか。

なぜ、共感は利他主義を生むのか。二つの面から考えてみたいと思います。

③-1 進化がもたらした利他行動

前出のドゥ・ヴァールは、チンパンジーが苦境に陥った仲間を見ると、近づいて抱擁したり、グルーミング（毛づくろい）したり、傷をじっくり調べたりするなど、「慰めをもたらす体の触れあい」の行動に出ることに注目しました。

また、高齢で脚のわるいチンパンジーの生活を仲間が手助けしたり、研究所で実験のため飼育されていたチンパンジーが自然に戻されたとき、野生のチンパンジーが生活を支援したりするなど、類人猿の利他行動を裏づける証拠は山のようにあることを示します。そのうえで、こう結論づけます。

「自然淘汰は長い進化の歴史の中で行動の結果を検討した後、霊長類に共感する能力を授け、彼らが適切な環境下では他者を助けることを確実にした」

そして、人の利他行動について、苦境にある他者に救いの手を差し伸べることで、「快い感情」を覚えるとすれば、その支援は利己的なものになりはしないかという疑問を呈したうえで、「たしかに、私たちは他者を助けることで喜びを得るが、この喜びは他者を介して得られるもの、他者を介してのみ得られるものだから、正真正銘、他者志向のものなのだ」と述べます。

人は共感すると、なぜ利他行動をとるのか。進化の過程で、利他主義が生まれる集団は、より多くの成果を上げることができるので繁栄し、利他主義の希薄な集団は淘汰されていく。これが進化の法則であるとすれば、経営における共感の重要性も説得力を持つのではないでしょうか。

③-2 人は「在る存在（being）」ではなく「成る存在（becoming）」である

進化がもたらした共感による利他行動について、哲学的な視点から見てみましょう。

認知症のおばあさんが、重度心身障害のある男性と出会い、利他行動をとるようになってから、「わたしが行かないとあの子は死んでしまう」と使命感を持つようになり、認知症の症状も軽減されていきます。なんらかの相関はあるのでしょうか。ここで注目すべきは、個々人における変化です。

二〇世紀前半に独自の哲学を展開したアルフレッド・ノース・ホワイトヘッドというイギリス出身のユニークな哲学者がいます。どこかユニークかといえば、世界はすべてが関連しあった「プロセス（process 過程）」であり、常に動き続ける「イベント（event 出来事）の連続体」であるととらえたことです。

つまり、世界はことごとく「生成発展する」ため、目を向けるべきは「モノ（substance）」そのものではなく、「コト（event）」の生成消滅するプロセスであるとしました。

大切なのはモノではなく、コトであると説いたホワイトヘッドは、人間についても「Aさん」という実在あるいは個体ではなく、「ユニークな経験」ととらえました。「いま、ここ」でのその人固有の経験が積み上がっていき、その綜合がAさんであるというわけです（本書では「よろずなんでもあり」の「総合」と区別して、高次元で統合される意味で「綜合」を用います）。

経験はすべての知の源泉になります。経験から生まれた知は必ず何かと結びつき、大きく成長するという関係性を潜在的に持っています。人間は人と人との関係性を結びながら、あるいはモノとも関係し合いながら、常に動きます。そして、動きながら経験が豊かに積み上がり、知が生まれ、それがまわりの知と結びつくなかで「新しい自分」へと変わっていく。これを繰り返すのが「ユニークな経験」としてのあり方です。

この発想を支えるのは、人を静態的なビーイング（being）の「在る存在」ではなく、常に何かにビカミング（becoming）する動態的な「成る存在」と位置づける人間観です。固定した存在である「〜である」（being）よりも、未完の状態にありながら未来に向かって開かれ、常に生成していく「〜になる」（becoming）を重視し、人間を常にプロセス（＝コト）でとらえるのです。

「〜である」を重視する世界では、「○○さんは認知症である」「××さんは障害者である」といったとき、既存の固定した意味合いが前面に押し出されるため、互いにあるがままに関係性を結ぶことは難しくなります。

一方、「〜になる」に目を向ける世界では、人は人とのかかわりを通じて、絶えず、自らを生成し続け、何かになっていきます。多様な人々との出会いが次々と生まれていく「ごちゃまぜ」の場はまさに、「〜になる」の世界です。互いに共感しながら、相手に対する利他行動の経験を積み上げながら、「新しい自分」を生み出していく。それは、「ユニークな経験」である人のあり方として、きわめて自然な姿といえます。

人は共感すると、なぜ利他行動をとるのか。それは人が人とのかかわりを通じて、絶えず、自己生成していく「成る存在」だからではないでしょうか。

これは、ビジネスの世界でも同じでしょう。人と人との出会いと共感が、社員を自律分散リーダーへとビカミングさせていくのが次に紹介するヒルトップの事例です。

ケース 2

HILLTOP（ヒルトップ）遊ぶ鉄工所

経営の原点は「愛」
効率と非効率の両立が競争力を生む

【イントロダクション】

ヒルトップは、京都にあるアルミ切削加工のメーカーで、規模的には中小企業に属します。会社の全体像を紹介した著書『ディズニー、NASAが認めた遊ぶ鉄工所』（山本昌作著　ダイヤモンド社　二〇一八年）は、大手書店のビジネス書ベストセラーで次々と一位にランクされました。そのユニークな企業経営はさまざまなマスメディアに紹介され、全国から視察が絶えません。

かつては、油まみれの町工場でしたが、いまでは社員が白衣を着て歩いても汚れないほどクリーンな無人の「夢工場」を実現しました。切削加工は機械が自動で行い、社員は知的作業に従事する。

注目が集まるのは、社員を「知を生み出す人材」として育成する独自のシステムです。ただ、特別な育成プログラムが組まれているわけではありません。社員が自発的に新しいことに挑戦する企業文化は、人と人との出会いと共感によって醸成されました。

本章では、共感をもっとも重視する知識創造理論、および知識創造理論を哲学面から補完する現象学の視点から、この事例を読み解きながら、人と人との共感が起点となって、組織が動き、大きな成果、さらにはイノベーションへとつながっていくことを示します。

「知的作業の善循環サイクル」が生まれる人材育成システムとは

❶新入社員も入社二〜三週間で戦力化する

京都駅から近鉄京都線で二五分ほど走ると、そこは宇治市だ。駅を降り、一キロほど歩いて本社前に立つ。五階建て社屋の左手につくられたピンク色の大きなオブジェに目を奪われ、ここがアルミ切削加工のメーカーとは思えない。この社屋のなかに工場も設置されているのだ。社名を「ＨＩＬＬＴＯＰ（ヒルトップ）」という。

新卒採用を本格的に始めた二〇一〇年度から九年間で従業員数は六〇名から一五一名へ二・五倍、売上高は五億円弱から約二三億三〇〇〇万円へ約五倍、取引社数は約四〇〇社から約三五〇〇社へと約九倍伸びた。そのなかには、ウォルト・ディズニー・カンパニー、ＮＡＳＡ（米航空宇宙局）、世界最大の半導体製造装置メーカーのアプライド・マテリアルズなども名を連ねる。利益率は二〇〜二五％（業界水準は三〜八％）の高さを誇る。全国から毎日、視察が絶えず、年間二〇〇〇人が訪れる。

「わが社が伸びているのは人材の力です」

と、話すのは経営の指揮をとる山本昌作副社長だ。一階にある工場には加工機が何台も並ぶが、オペレーターは二、三人しかいない。「二四時間無人加工の夢工場」をうたい、加工機はプログラムどおりに自動で製品をつくり続ける。

ヒルトップの特徴は多品種単品生産にある。一個単位の受注が七割を占め、大半は取引先からの試作の製作依頼だ。そのため、加工機は毎回つくるものが異なる。プログラムもその都度組まなければならない。そのプログラマー部隊がいるのが主力の製造部だ。二階に上がると最先端のIT企業のようなオフィスで若手社員たちがパソコンと向き合っていた。

プログラマーが日中プログラムを短時間で組み、加工機が夜間も無人で稼働することで、受注から納品まで最短五日という通常の半分の短納期を可能にする。これをヒルトップ・システムと呼んでいる。

「当社の売上高を決めるのは機械の能力ではなく、社員がつくり出すプログラムの量です。そのプログラミングのスピードが圧倒的に速い。だから短納期が可能になる。ここに選ばれる理由があります」

と、副社長の長男で経営戦略部長の山本勇輝はいう。

ヒルトップの競争力はプログラミングを行う社員の生産性の高さにある。しかも、新入社員でも入社二～三週間で戦力化できるという。入社して半年の吉田夏菜も、

「いちばんうれしかったのは、入社三週間目に初めて組んだプログラムが加工機で流れて商品になったときでした」

と目を輝かせる。ヒルトップ・システムは、「単純なルーティン（決まり切った仕事）はしたくないし社員にもやらせたくない」という昌作の思いから生まれた。若手を戦力化するヒルトップ流の人材育成システムにも、社員には単純なルーティンはさせないという一貫した考え方が流れている。それは、どのようなものなのだろうか。

❷職人技をデータ化して機械で自動化する

ヒルトップ・システムは、これまで二つのフェーズを経ていまに至る。

会社の前身は一九六一年、父親が創業した鉄工所だ。長男（昌作の兄）が大病を患い、薬の副作用で聴力を失ったことから、「働き口に困らないように」と親心で始めた会社だ。いまは長男が社長職に就く。次男の昌作は商社への就職が内定していたが、「兄弟で支えてくれ」と母に懇願され、一九七七年に入社した。

当時、受注の八割は自動車会社の孫請けだった。部品の大量生産に追われ、油まみれの毎日。「同じことを繰り返す仕事は嫌だ。嫌なことを従業員に押しつけたくない」「人間らしい知的作業をしよう。楽しくなければ仕事ではない」。経営を任された昌作は、そう考えるようになり、孫請けの仕事をやめ、多品種単品生産に転換する決断をした。

受注の八割を失い、三年間は「ご飯を食べるのもやっと」の状態が続いた。

「ところが、単品生産を始めても楽しくなかったのです。リピートオーダーが繰り返されると、それはルーティン化してしまう。これまでとは違う、まったく新しい概念が必要だと考えました」（昌作）

ここから第一のフェーズが始まる。電気炊飯器のマイコン制御やハンバーガー店のマニュアルによる運営方法などをヒントに、切削加工のルーティン作業は機械で自動化し、人間はプログラミングを行うという独自の方法を考え出した。

そこで、自社で働く職人たちから、どのように加工しているかを聞き出して個々の作業を標準化し、定量化、データ化した。

「当初、自分が持っている技術について情報を出したがらなかった職人たちも、一人が話し始めると、『オレはこうやる』という声が次々と出てきて、話し合いが始まり、最後は、このデータがこの会社ではいちばん正しいとみんなが思えるものを導き出し、みんなでこのデータをもとに自動化をしようと合意形成に至りました」（昌作）

データをもとにコンピュータ制御で加工機を動かす。一九九一年、ヒルトップ・システムがスタートする。

プログラマーは新規受注のプログラムを組んだら、それをデータベース化する。リピートオーダーの際はそれを使うようにすれば、プログラマーは常に新しいプログラムに携わりながらスキルアップを図ることができる。これを昌作は「知的作業の善循環サイクル」と呼んだ。

また、社員が働く環境についても、油まみれの工場から、「白衣を着て働く工場」へ一変させようと、ピンクの外観の新社屋を建設した。

❸ジョブローテーションでマルチスキルを養成する

第二のフェーズを迎えたのはリーマンショック後だった。受注が激減したのを機に、これからも「選ばれる企業」になるにはどうすればいいかを考え抜いた。

自社の売上高はプログラムの量が決めていた。ならば、プログラミングの生産性を高めよう。「プログラムの生産量三倍化」の目標を掲げると、プログラミングの効率を徹底して追求する最適化に着手した。これを主導したのが経営戦略部長の勇輝だった。本人が話す。

「従来、プログラムを組むのに八〇〇項目以上のパラメーター（動作決定の数値）があったのを共通のパターンにまとめ、二五項目にまで減らした。プログラミングが効率化され、圧縮された結果、プログラミングで自分の時間を一〇〇%使っていたのが五〇%ですむようになった。残りの時間を自由に使って新しいことにチャレンジする。それが経験知となって本業にいかせる。知的作業の善循環サイクルをさらに回していけるようになったのです」

では、どのようにして新しいことにチャレンジするのか。入社七年目、二〇代で製造部の副部長に抜擢された宮濵司が話す。

「どんなことにチャレンジするかというと、わたしの場合、いまのシステムが本当に正しいのか疑って検証する、宇宙事業など新分野のためアルミ以外の金属の切削に挑戦する、などさまざまです。若手が新しいことにチャレンジするには、プログラミング以外にマルチのスキルを持っていることが必要で、そこで力を入れているのがジョブローテーションです」

製造部には、プログラミングのほか、機械のオペレーション、製品によっては必要になる手作業のフライス加工、旋盤加工、仕上げ加工などの各種加工、表面処理、検査など、八部署があり、すべての社員が最短で一週間単位で全部署を経験する。

「アナログの手作業をそれぞれの職人に初心者レベルから教えてもらいます。とても非効率です。でも、多様な知識が吸収できる。それがチャレンジに生きるのです」(宮濵)

❹「親子制度」で社員のやる気を引き出す

さらに特徴的なのは、自分の所属する部の仕事以外でも、手をあげれば挑戦できることだ。

「うちでは本来の仕事だけでなく、〝二足三足の草鞋を履く〟のが普通です」

と話すのは、入社三年目で、勇輝の下で採用関連業務をすべて任されている岡谷祐美だ。

「たとえば、うちは人事部がないので、社員全員で採用活動をするのが方針です。製造部員でも、社外での会社説明会や採用面接を担当する。それには自分の会社を自分の眼でとらえ、自分の言葉で表現できなければなりません。自分が採用にかかわった社員については、入社後も責任を持とうという意識も生まれます。人事の専門部署がやるより非効率ですが、誰もが二足三足の草鞋を履くことで視野が開け、仕事へのモチベーションも高まり、新しいことへのチャレンジにつながる。これも知的作業の善循環サイクルです」

入社半年の製造部員、廣目恭介は大学での学内説明会を担当した。

「この会社には年間二〇〇〇人くらい見学者が来られて、社員の誰もが説明役を担当するんです。ぼくもその後ろに立って、どんな風に説明しているのか聞いて勉強していたら、意欲を買われて学内説明会に行かせてもらいました。ぼくらはまだどこにチャンスがあるかわからないので、一〇〇個機会があったら、一〇〇個種をまいておく。すると声をかけてもらえる。入社半年でも、チャレンジすることの大切さを学びました」

この「種まき」の機会になるのが「親子制度」だ。若手一人ずつに「親」役の先輩社員がつき、毎日、終業時間前に一〇分間、その日の振り返りの対話を行う。この場で若手は自分のやりたいことも発信できる。前出の岡谷が話す。

「やりたいという声をあげ、認められるだけの行動がともなっていれば、やらせてもらえる。わたしも入社二年目に自分で採用担当を志願し、認めてもらいました。いまでは採用関連については予算まで任されています」

❺プログラミングはAI化し、人間は新しいビジネスを考える

「うちは出る杭は打たない」と昌作もいう。

そんなヒルトップもいま、岐路に立たされ、第三のフェーズに移行しつつある。経営戦略部長の勇輝が話す。

「プログラムを効率化し、最適化していった結果、ディスプレー上で刃物を選び、削る面に触れるだけで加工のプログラムがつくれます。だから新人でもすぐに戦力化でき、短納期も実現できました。ただ、最適化するほど仕事は単純化し、ルーティン化します。しかも、余裕ができた時間に新しいことに挑戦するはずが、短納期が評価されて受注が増え、対応するため、すべての時間がルーティンで埋まるという矛盾に陥ってしまったのです。人間は人間らしい仕事をしよう。そこで、いま進めているのが、AIによるプログラミング自体の自動化です。プログラミングから解放された社員には、次の時代の新しいビジネスを考えてもらう。近々、製造部からプログラマーはいなくなっているでしょう」

新しいビジネスとはどのようなものか。たとえば、製造部の宮濵が考えているのは「切削加工のクックパッド」だ。

「プログラマー不足などで機械を眠らせている企業が世界中にあります。うちのシステムにアクセスすれば、レシピにあたるデータを入手して機械を自動で動かせる。世界中でものづくりを活性化できます」

世界中の企業の夜間に動いていない機械をヒルトップが借り、データを送って自動で製品をつくる仕組みも計画中という。

「EMS（電子機器製造受託サービス）で世界最大の鴻海精密工業より多くの生産設備を持つことも可能になる。そんなビジネスモデルを考えることが、これからは社員たちの知的作業になっていくでしょう」（勇輝）

⑥変化しつつも、同時に変化しない基本を持つ

最初のフェーズでは、職人技を機械で自動化して、人間はプログラミングに専念させた。次いで、プログラミングを効率化し、最適化して圧縮した分、社員には自由になる時間で新しいことに挑戦させようとした。挑戦を促すため、ジョブローテーションや親子制度など、あえて非効率な仕組みを取り入れた。

さらに、次の時代には、プログラミング自体をAIで自動化し、社員は新しいビジネスモデルを構築していく。

「変化し続けるのがうちのいちばんの強み」と勇輝はいう。一方、「ルーティンの仕事は社員に押しつけず、知的作業の善循環サイクルを回せるようにする考えは変わらない」と昌作は語る。変わらない基本があるからこそ、仕事のあり方を状況に応じて、変化させることができるのだろう。

ヒルトップはなぜ、変わらない基本を持ち続けることができるのか。若手ながら採用活動の現場責任者として自社を見続ける岡谷が語る言葉が印象に残った。

「この会社はわが子への愛から始まりました。そのスピリットがずっと受け継がれているように感じるのです。ヒルトップ・システムもお金儲けではなく、社員が成長しながら働けるようにつくったことをみんなが知っている。だから互いに成長していけるよう、やりたいことを後押しするし、出る杭も打たない。採用活動にも、みんな仕事を持ちながら協力してくれます。この会社のこの人たちと一緒に働いていることがモチベーションになっている社員は多いと思う。それがいちばん誇れるところです」

原点に「愛」がある。最先端技術を追求する一方で、それが社員の働き方に結びついているとすれば、経営のプリミティブなあり方を見る思いだ。

知識創造の起点には共感がある

経営講義① 知識創造のSECI《セキ》モデルも共感が起点となる

経営の原点に「愛がある」という社員の言葉は、ヒルトップという会社の本質を見事にいい表しています。愛とは相手に対する共感そのものです。この事例で注目すべきは、ヒルトップの独自性を持ったさまざまな取り組みによって、社員のなかで共感が醸成され、それが知識創造の起点となっていることです。

ここで、ヒルトップの事例を読み解く前に、野中の提唱する知識創造理論における共感の意味、さらには知識創造理論を補完する哲学である現象学における共感の意味について、少し紙幅を割きたいと思います。

人が生み出す知のあり方は、個人的で主観的な暗黙知と社会的で客観的な形式知の二つの側面に分けることができます。

暗黙知は前述のとおり、言葉や文章で表現することが難しい主観的な知で、個人が経験にもとづいて暗黙のうちに持つものです。思いや信念、身体に染み込んだ熟練やノウハウなどは、典型的な暗黙知です。形式知とは、言葉や文章で表現できる明示的で客観的な知のことです。

人間が行うもっとも知的な営みである知識創造は、暗黙知と形式知が互いに作用し合い、相互変換し、それがスパイラルに循環していくなかで行われます。

このスパイラルな知の循環運動のなかで、新たな知識創造の源泉は暗黙知にあります。知識とは、個人の信念や思いを真理に向かって社会的に正当化していくダイナミック・プロセスだからです。

知識創造理論では、スパイラルな知の循環運動が組織・集団・個人の間で起きる場合、四つのモードをたどると考えます。この組織的知識創造のプロセスは各モードの頭文字をとって「SECIモデル」と呼ばれます。それぞれのモードを説明しましょう。

（1）まず、メンバーが身体や五感を駆使し、現場で直接経験を共有し、暗黙知を共有しながら、本質を直観し、暗黙知を組織的に共創します。また、現場で顧客と向き合い、場を共有する場合、直接経験をとおして顧客と暗黙知を共有することもあります。これを、「共同化（Socialization）」と呼びます。

暗黙知と形式知のスパイラル

暗黙知と形式知は相互に作用し、
スパイラルに回りながら新しい知を生み出していく

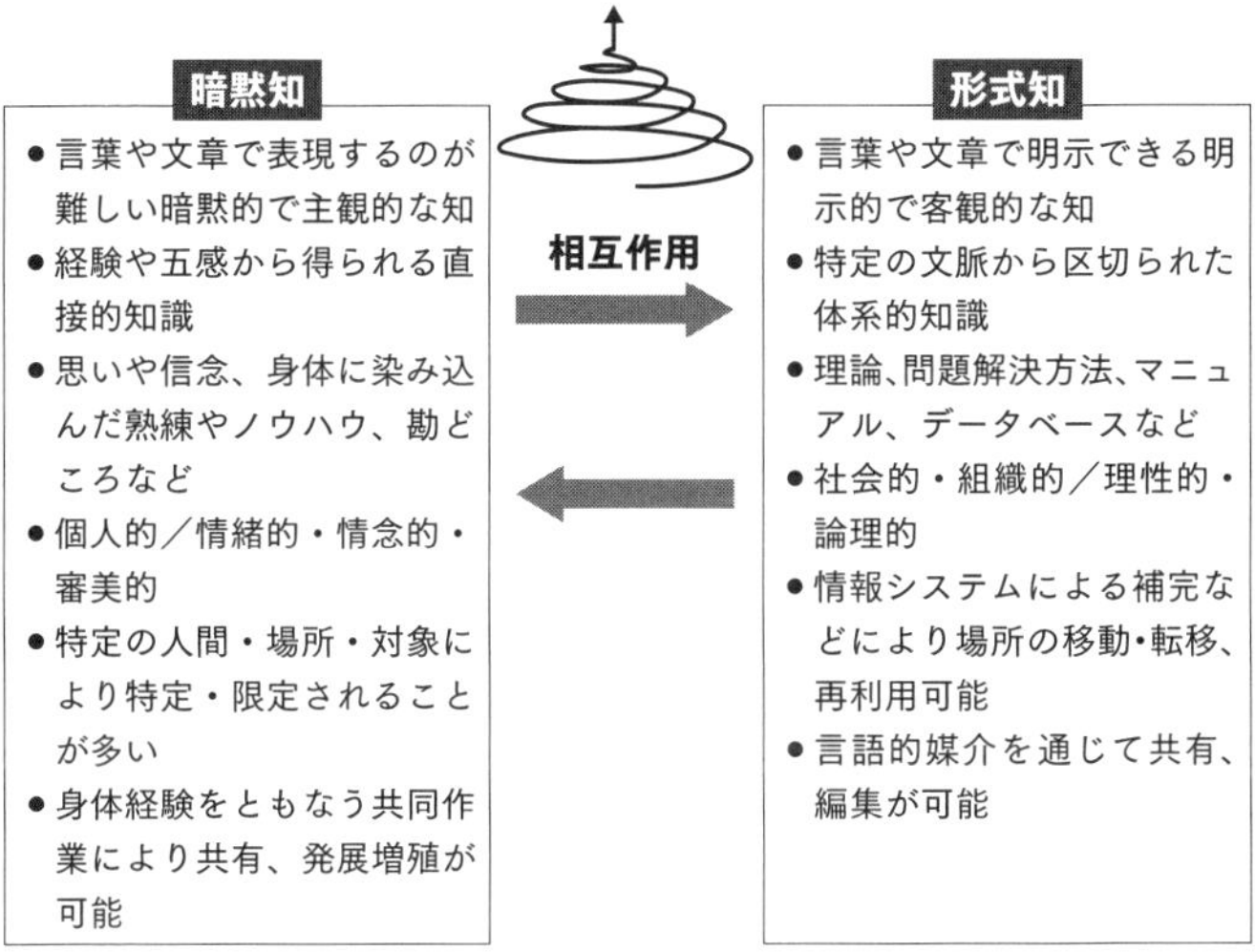

暗黙知
●言葉や文章で表現するのが難しい暗黙的で主観的な知
●経験や五感から得られる直接的知識
●思いや信念、身体に染み込んだ熟練やノウハウ、勘どころなど
●個人的／情緒的・情念的・審美的
●特定の人間・場所・対象により特定・限定されることが多い
●身体経験をともなう共同作業により共有、発展増殖が可能
相互作用
形式知
●言葉や文章で明示できる明示的で客観的な知
●特定の文脈から区切られた体系的知識
●理論、問題解決方法、マニュアル、データベースなど
●社会的・組織的／理性的・論理的
●情報システムによる補完などにより場所の移動・転移、再利用可能
●言語的媒介を通じて共有、編集が可能

©Nonaka.I.

このモードで大きなカギを握るのは、リーダーとメンバー、メンバー同士、あるいは、顧客との間で、いかに共感し合えるかです。

(2)次に、暗黙知を言語化し、概念を生み出すことにより形式知に変換する。これは、「表出化(Externalization)」と呼ばれます。共同化で直観した本質を、対話や知的コンバットを通じ、メタファー(隠喩)やアナロジー(類比)などのレトリック(修辞)も駆使しながら、仮説を導き出していきます。

(3)続いて、変換した形式知

SECIモデル〜組織的知識創造理論の一般原理

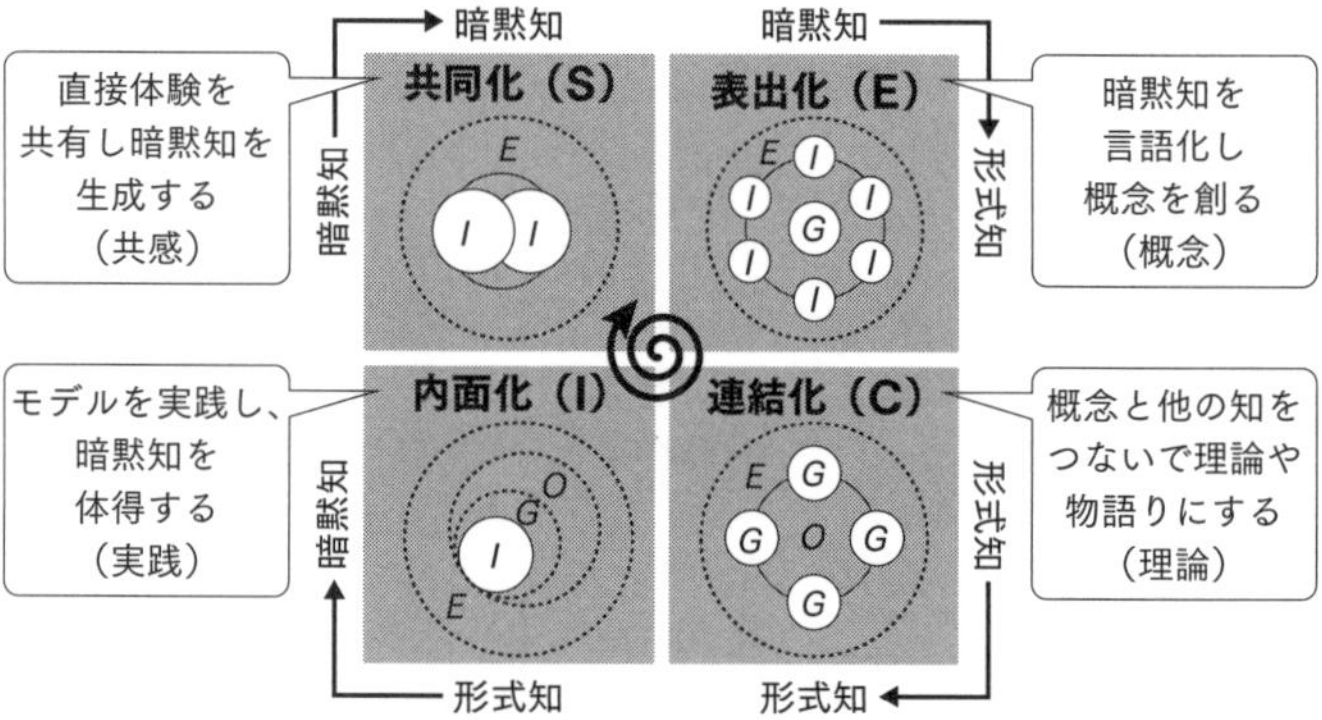

I＝個人（Individual）　G＝集団（Group）
O＝組織（Organization）　E＝環境（Environment）

©Nonaka.I.

を組織内外の他の形式知と組み合わせ、体系化して新たな形式知をつくり出す「連結化（Combination）」です。表出化で導き出した仮説や概念を関連する知とつなぎ合わせ、編集し、物語り化し、理論モデル化していきます。

（4）こうして体系化され、物語り化、理論モデル化された形式知は実践や行動をとおして、新たな暗黙知としてメンバー全員に吸収され、体化されていく。つまり、形式知からまた暗黙知へと変換される。「内面化（Internalization）」と呼ばれます。

現実にはそれぞれのモードが同時に起きていることもあれば、あるモードが反復されることもあります。いずれにしろ、この一連のプロセスが回ることで、知識が新しい価値と

相互主観性（共感）の３段階

■第１の段階　受動的綜合（感性の綜合）
・母親と乳幼児のように本能的に相手に共感し、
主客未分の境地で相手になりきる「我ー汝」関係

▼

■第２の段階　能動的綜合（知性の綜合）
・自我や自意識にもとづく思考が入り込み、
主客分離の状態で相手をとらえる「我ーそれ」関係

▼

■第３の段階　無心・無我の相互主観性（感性と知性の綜合）
・より高次の次元で再び主客未分の状態に入り、
相手と無心・無我の境地で「わたしの主観」を超えた
「われわれの主観」を生みだす「我ー汝」関係

出所：山口一郎『存在から生成へ』知泉書館（2005）にもとづく

して具現化されていく。と同時に、知識は個人、集団、組織の間を循環し、より豊かに増幅されていく。これが組織的知識創造の基本原理です。

注目すべきは、新しい知の創造の起点が、共同化における共感にあることです。つまり、互いに共感しないと、知は生まれないということです。

このＳＥＣＩモデルは、「ジャパン・アズ・ナンバーワン」と讃えられたほど、日本企業がもっとも輝いていた一九八〇年代に、野中が研究者仲間と一緒に、メーカーの新製品開発の事例研究を行い、現場で日々奮闘する人々の姿に直接接するなかで導き出したものでした。日本企業が元気だったころの人々は、暗黙知ベースで共感し合いながら、新しい知を生み出していたのです。

それがいま、経営やマネジメントにおける共感の重要性を説くことになったのは、日本企業が分析過多、計画過多、コンプライアンス過多の〝三大疾病〟に陥り、分析にもとづく形式知ありきの経営が多く見られることの危機感からにほかなりません。

ただ、SECIモデルを案出していたころの日本企業では、共感経営がごく当然のように行われていたためか、野中も、四つのモードのなかで共同化よりも、表出化がもっとも重要であると位置づけていました。共同化における共感の大切さを再認識することになったのは、野中と現象学の出合いによるものでした。

経営講義② 共感により「われわれの主観」が生まれる

神経科学の領域でミラーニューロンが発見されるはるか以前、人間における共感の重要性を説いたのは現象学と呼ばれる哲学分野でした。共感がいかに人間の本質に根ざしているかを理解するため、現象学における共感の概念を知ることはとても役に立ちます。

たとえば、現象学の発展に尽くしたフランスの哲学者のメルロ＝ポンティは、人が相手と全人的に向き合うとき、精神や意識より前にまず、身体の共振・共感・共鳴が起きて、それが重要な意味を持つことを「間身体性」という概念で示しました。

いま、右手が左手に触れているとします。右手は触れる側（touching）で、左手は触れられる側（being touched）ですが、しばらくすると最初は触れられていた左手が右手に触れている感覚が生まれ、役割が交替し、反転します。

こうした可逆的な「二重感覚」は、「わたし」と「あなた」の間でも成り立ちます。わたしはあなたの身体に、わたしと同じ仕方で存在しているあなたを認めることができる。つまり、あなたはわたし、わたしはあなた。これが間身体性、すなわち、身体性の共有です。

人間は相手と身体的に時空間を共有し、触れ合うことによって、相手の視点に立ち、相手の経験を自分のなかで持つことができるようになる。そして、差異を乗り越えて、より大きな共感をつくり出すことができるのです。

この大きな共感が生まれるプロセスを解き明かしたのは、現象学の生みの親とされるオーストリア出身の哲学者、エトムント・フッサールでした。野中が共感の重要性を再認識することになったのは、日本における現象学研究の第一人者である山口一郎・東洋大学名誉教授をとおして、フッサールの思想に触れたことが始まりでした。

フッサールは、人と人との共感について「相互主観性（Intersubjectivity）」という概念を説きました。相互主観性は三つの段階から成り立ちます。

第一の段階は、母親と乳幼児の関係のように、主客未分の状態で無意識に共感する状態で、受動的綜合と呼ばれます。無意識のうちに、相手になりきり、相手の視点に立ち、相手の文脈に入り込むという、人が生得的、本能的に持つ共感の能力で、「感性の綜合」と表現されます。たとえば、山手線新大久保駅で、男性がプラットフォームから線路に転落したとき、電車が進入してくるのを目撃した韓国人留学生と日本人カメラマンが、その男性を救助しようとして、咄嗟に線路に飛び降り、三人とも死亡した痛ましい事故がありました。その救助の行動は、おそらく、無意識のうちに相手の身になりきったもので、受動的綜合と推測されます。

相互主観性の最初の段階を母子関係にあてはめるのは、共感の起源を子育てに求めた神経科学の知見と符合し、興味深いものがあります。

第二の段階は、自我や自意識にもとづく意識的な思考が入り込み、主客未分から主体と客体が分離される状態で、能動的綜合と呼ばれます。その結果、自分の利益と相手の利益が補足し合うこともあれば、衝突することもあります。「知性の綜合」と表現されます。

第三の段階では、第二の段階を経て、より高次の次元で再び主客未分の状態に入り、相手と無心・無我の境地で相互主観性が成立し、「わたしの主観」を超えた「われわれの主観」が生まれます。「感性と知性の綜合」です。無心・無我とは自分の枠組みを超えた自己超克の世界であり、互いに個を超えながら「われわれの主観」を導き出すのです。

この相互主観性の三つの段階について、フッサールに影響を受けたオーストリア出身の宗教哲学者で、「対話の哲学」を唱えたマルティン・ブーバーは、「我—汝（I—Thou）」と「我—それ（I—It）」という概念でとらえようとしました（Thou は You の古語的ないい方）。

ブーバーは、人は他者と関係を持つとき、「我─汝」と「我─それ」という二つの態度のうち、どちらか一方をとると考えました。

第一段階の受動的綜合（感性の綜合）は、主客未分の「我─汝」関係です。それが、第二段階の能動的綜合では、主客分離で相手を対象化してとらえる「我─それ」関係に転じます。そして、第三段階では、相手と全人的に向き合い、互いを個として認めながら、個を超えて関係し合い、より高次の次元での「我─汝」関係を結ぶと説きました。このより高次元での「我─汝」関係で生まれるのが、「わたしの主観」を超えた「われわれの主観」です。

SECIモデルの共同化とは、この相互主観性の三つの段階を経て、暗黙知を組織的に共創し、「われわれの主観」を生み出すプロセスにほかなりません。

フッサールが説いた相互主観性の三つの段階は、人の意識には乳幼児期から形成される三つの段階があるとする発達心理学（人が年齢を重ねるなかであらわれてくる発達的変化を研究する心理学）の知見と合致します。

人間のDNAのなかには元来、乳幼児と母親の関係のように主客未分の「我─汝」の間身体性が埋め込まれている。これは無意識のものです。やがて自我が発達してくると、「我─それ」関係で相手を対象化し、分析的にとらえるようになる。

しかし、人間は自我が発達したあとでも再度、より高い次元で自己中心化から解放され、無心・無我の状態で相手と触れ合い、「我─汝」関係のなかで相互主観性をつくり上げ、「われわれの主観」を生み出すことができる。

この相互主観性の視点からヒルトップの経営を見ると、さまざまな場で「我―汝」関係が生まれることがわかります。具体的に見てみましょう。

経営講義③ 共感は「出会い」に始まり、「ペアリング」から生まれる

ヒルトップが社員たちに新しいことへのチャレンジを促す「知的作業の善循環サイクル」のなかには、サイロに閉じこもらない多様な出会いの場が組み込まれています。

マルチな能力を身につけるため、手で加工する現場の職人から学ぶジョブローテーションも、先輩社員と若手が組む親子制度も、そこには出会いがあります。対外的には、社員が担当する採用活動の会社説明会や採用面接も出会いの場です。

ブーバーは、出会いとは「自己中心性から解放された、自分と相手が一つになって生じる無心・無我の態度である」としました。

共感（相互主観性）は人と人との出会いに始まります。着目すべきは、ヒルトップにおける多様な出会いの場において、「我―汝」関係が生まれることです。親子制度は「我―汝」関係であり、自分が採用にかかわった社員について、入社後も責任を持とうという意識が生まれるのも「我―汝」関係が生まれ、相手がかけがえのない「汝」になるからでしょう。

個と組織を媒介する２人称の相互主観

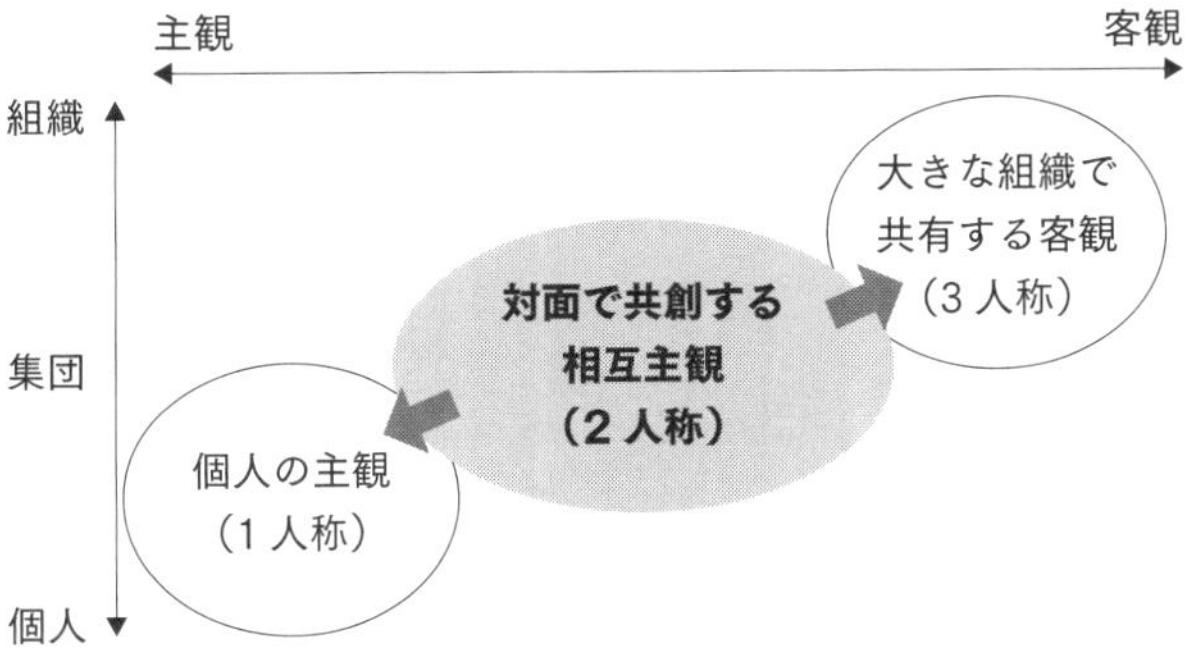

最初に対面によりともにつくり上げる2人称の相互主観があり、そこから自らを自覚する1人称の個人の主観が生まれ、組織や社会レベルで共有する3人称の客観（コンセプトなど）が構築される。

©Nonaka.I.

出会いで得られた経験は、自らの暗黙知として取り込まれていきます。暗黙知は相手と共感しながら、対話をとおして形式知に変換されます。親子制度で若手は「やりたいこと」を発信し、それが新しいことへのチャレンジにつながっていく。まさに知識創造の原初的なあり方です。

そもそも人は知の結晶態であり、新しい知は人と人との出会いのなかで生まれます。知識創造のプロセスである知的作業の善循環サイクルを、出会いと共感をベースに回す。ここにヒルトップの経営の特質があるのです。

もう一つ注目したいのは、「我—汝」関係が常に「ペア」から生まれていることです。親子制度や採用面接はまさにペアであり、ジョブローテーションで職人から学ぶときもペアの関係が結ばれます。人と人とが向き合い、ペアになると、無意識のうちに主客未分の「我―汝」関係の間身体性が生まれ、そこから対話や知的コンバットを行えば、「我―それ」関係から、高次の「我―汝」関係に至り、「われわれの主観」に至ることができます。

三人以上いる場でも、向き合って対話や知的コンバットを行うときはペアの関係になります。ヒルトップで社員が行う会社説明会は、複数の就活生が相手ですが、相手を対象化する「我―それ」関係で終始すれば、一方通行的な関係しか結べません。また、対象の「それ」はいつでも他のものと入れ替わりが可能です。

ヒルトップで若手社員に会社説明会を任せ、自分の会社を自分の眼でとらえ、自分の言葉で表現させるのは、参加者との間で対話を喚起して、ペアとなる出会いが生まれるようにし、共感を醸成して「我―汝」関係を結び、知の創造性を豊かにする試みのように思われるのです。

出会いの場が組織を活性化する事例としては、最近話題となったサンリオピューロランドのV字回復も一例でしょう。二〇一四年度には一二六万人だった年間来場者数が二〇一八年度には二一九万人と七割以上も急伸。館長として復活劇を主導した、運営会社サンリオエンターテイメントの小巻亜矢社長は、『日経ウーマン』誌が選ぶ「ウーマン・オブ・ザ・イヤー2020」の大賞にも選ばれました。

再建のため、二〇一四年にサンリオピューロランドに赴任したとき、スタッフの間には沈滞した空気が漂っていました。連携不足とコミュニケーション不足を実感した小巻氏が注力したのは、社員同士の出会いの場を設けることでした。

その典型が「対話フェス」です。閉館後、館内のレストランに部署や職位を問わず、社員を集め、一対一のペアで対面式に椅子に座って向き合います。自己紹介から始め、「ピューロランドの好きなところ」「好きな食べ物」など、性別や年齢にかかわらず話しやすいテーマで二〜三分語り合ったら、席を移動し、また一対一のペアで向き合い、九〇分ほどの間に多くの人たちと語り合う。ルールは「相手側がわかりやすい話し方をする」「相手の話を否定しない」の二つだけで話す内容は何でもいい。この対話フェスの目的は次に会ったとき、話しやすい関係性をつくることでした。

このほか、社員を一〇人前後のグループに分けて、ピューロランドで働く自分について語り合う「ワークショップ」や、館内スタッフのシフトに合わせて一日九回行う「ウォーミングアップ朝礼」、アルバイトスタッフへの挨拶の声かけの徹底など、多様な出会いの場をつくり出していきました。

V字回復を実現した直接的な要因は、メインターゲットを子どもから大人の女性にシフトさせ、ターゲットに合わせたミュージカルショーなど、コンテンツ面での刷新にありました。ただ、新しい企画が次々と社員のなかから出てくるようになったことと、小巻氏が腐心した出会いの場づくりとは無縁ではないでしょう。

出会いによる共感が、なんらかの形でV字回復を後押ししたとすれば、サティア・ナデラが推進したマイクロソフトの企業文化改革とV字回復が想起されるのです。

経営講義④ 新しい知は「二人称」の世界で芽生える

別の見方をしてみましょう。「我—汝」関係のペアは「二人称」の世界です。ヒルトップの経営の進化の過程を見ると、常に二人称の世界で着想することから始まっていることがわかります。

最初は、ヒルトップ・システムの構築です。まず、副社長の山本昌作氏が「嫌なことは従業員にも押しつけたくない」と、「我—汝」関係の二人称の世界で社員一人ひとりの視点に立ち、共感し、「われわれの主観」を持つようになったところから始まります。

当初は閉鎖的で傍観者的だった職人たちも、対話や知的コンバットを通じて、「我—それ」関係から「我—汝」関係に至り、「われわれの主観」に行き着きます。

これは、自分と他者はモノとして別々ですが、経験や行為というコトの世界で「われわれの主観」を生み出せば、経営者は社員たちとも一心体になれることを示しています。そこから、昌作氏は「人間らしい知的作業がしたい」という「一人称」の個人の主観を抱くようになります。

人は、最初に一人称の個人の主観があって、そこから判断し、行動するように思われています。もちろん、個人的な判断や行動については一人称が起点でしょう。これに対し、組織においてなんらかの動きを起こそうとするときには、最初に二人称の関係性があり、そこから一人称の個人の主観が導かれるのです。

つまり、最初に他者への共感があり、そこから自己の暗黙知が触発され、個人の主観がわき上がるのです。

ただ、そのままでは組織は動きません。二人称で他者に共感して「われわれの主観」を生み出し、そこから一人称で「わたしはこうしたい」「こうありたい」という個人の主観を抱き、それをもとに組織を動かして行くには、「三人称」の世界で客観的な概念や仮説を打ち立てる必要があります。SECIモデルにおける表出化です。

ヒルトップの場合、「切削加工のルーティン作業は機械で自動化し、人間はプログラミングを行う」「二四時間無人加工の夢工場」という組織で共有する概念を打ち出したことでヒルトップ・システムが構築されていきました。

同じ展開は、社員が自由に使える時間を確保する目的でプログラムを最適化した結果、受注が増えて、社員たちはそれをこなすことに追われ、逆にすべての時間がルーティンで埋まるという矛盾に陥ったときにも見られました。

まず、経営戦略部長の山本勇輝氏が二人称で社員一人ひとりの立場に立って共感し、「人間らしい仕事をしよう」と一人称の思いを抱き、「ＡＩによるプログラミングの自動化」という三人称の客観的概念で組織を動かしました。

リーダーとメンバー、トップと社員、上司と部下、メンバー同士の間において、人間関係のもっともベーシックな関係はペアリングにあり、新しい知は二人称の世界で芽生える。そこから一人称の思いがわいたら、三人称の概念を打ち出して組織を動かしていく。

対照的に、分析・計画・コンプライアンスが過剰な状態では、誰もが傍観者的になり、組織は沈滞化していきます。

新しい知は人と人の出会いから生まれる。組織の内外に、いかに多様な出会いやペアリングの場を組み込み、誰もが二人称で発想できる組織風土を定着させることができるか。ヒルトップに年間二〇〇〇人もの視察見学者が訪れるのは、そのモデルを示しているからにほかなりません。

経営講義⑤　相互主観性を重視する企業の取り組み事例

相互主観性が生まれる場を組織に埋め込む取り組みは、大企業でもさまざまなものがあります。代表的なものを紹介しましょう。

エーザイの就業時間一％を使った患者との共体験

日本において、知識創造理論をいち早く経営に取り入れたのは、製薬会社のエーザイでした。ＳＥＣＩの四つのモードのうち、エーザイがもっとも重視したのが共同化でした。

エーザイは「ヘルスケアの主役が患者様とそのご家族、生活者であることを明確に認識し、そのベネフィット向上を通じてビジネスを遂行する」という「ｈｈｃ（ヒューマン・ヘルスケア）」の企業理念を掲げます。

そして、「社員一人ひとりが患者様の傍らに寄り添い、患者様の目線でものを考え、言葉にならない思いを感じ取ることが重要である」と考え、全世界のすべての社員が就業時間の一％（年間二・五日）を患者とともに過ごし共体験することを求めます。

社員は、老人介護施設での介護実習に参加し、認知症の高齢者と出会い、介護を体験しながら身体性を共有し、二人称の相互主観性の世界に入って喜怒哀楽に直に触れ、患者との間で「われわれの主観」を感じ取る。この直接経験をとおして「自分はどうありたいのか」「何をしたいのか」という一人称の思いを明確にし、三人称の視点から概念化して薬づくりに活かし、ｈｈｃの理念を実現していくのです。

京セラのコンパ

京セラで行われる「京セラコンパ」も、相互主観性を形成する場といえます。京セラの創業者である稲盛和夫氏の稲盛経営哲学を、多様な学術的見地から研究し、普遍化し、グローバルに活用できるようにすることを目的として、立命館大学が設立した「稲盛経営哲学研究センター」という研究機関があり、野中がそのアドバイザーを務めていることから、実際にコンパに参加させてもらったことがあります。

各職場で機会があるたびに、酒を酌み交わしながら意見をぶつけ合うのが京セラコンパです。専用の大部屋で、上司と部下の分け隔てなく、チームごとに車座になって座り、肩を寄せ合い、一つの鍋を囲みます。仕事のあり方から人間としての生き方まで、テーマを設け、本音で語り合う。最後はそれぞれのチームのリーダーが結論をまとめます。

京セラには、稲盛氏が京セラを経営するなかで学んだものを折に触れてまとめた独自の哲学で、「利他の心」を中心概念とする「京セラフィロソフィ」があります。コンパでも、最終的には京セラフィロソフィのもと、議論は収束していきます。

興味深いのは、手酌は「エゴイズムの象徴」であるとして厳禁とされ、誰もが利他に徹して、相手にひたすら酒を注ぎまくることです。こうして酒を酌み交わしつつ議論するなかで、相互主観性が生まれ、京セラフィロソフィのもとで、「我―汝」関係の「われわれの主観」が形成されていくのです。

一方、日常の業務においては、アメーバ経営という部門別採算制度が遂行されます。その特徴は、組織全体を機能ごとにアメーバと呼ばれる小集団に分け、工程順にアメーバ間で社内売買が行われることです。一つのアメーバは前工程のアメーバから社内買いした価格に経費を加え、利益を乗せて後工程のアメーバに社内売りをします。売り上げから経費を控除したものを、そのアメーバが生み出した付加価値とし、要した総労働時間で割って一時間あたりの付加価値を算出し、業績をはかる指標とするのです。

アメーバが前工程から安く買い、後工程に高く売りたいと考えれば、アメーバ間で利害の対立が生じます。このとき、アメーバのリーダーは、相手のアメーバのリーダーとの二人称の関係性のなかで「利他の心」をベースとした「われわれの主観」に立ち戻り、「自分はどうありたいか」という一人称の主観を胸に抱き、それぞれのアメーバの利害が両立するような方法を三人称の視点で考え出し、アメーバを動かしていくのです。

稲盛氏が会長職に就いてなし遂げた日本航空（ＪＡＬ）の再建も共感が原動力となりました。リーダー教育研修で、企業経営は損得以前に「人間として何が正しいかで判断する」「利他の心を大切にする」……等々、フィロソフィを説く稲盛氏に当初は反発した幹部たちも、研修後の飲み会で胸襟を開いて語り合ううちに次第に共感を抱くようになります。

また、社員たちも、空港の現場に出向いてきて、自分たちに直接語りかける稲盛氏の姿に共感するようになっていきます。こうして稲盛氏と幹部、社員たちの間に「われわれの主観」が醸成され、そこから一人一人が「自分はどうありたいか」と一人称の主観を明確にしたことで、経営陣から第一線の社員に至るまで、全員がそれぞれにコスト削減の創意工夫を実行するという全員経営により、ＪＡＬ再建は加速していったのです。

ホンダのワイガヤ

ホンダで新車開発の際、開発メンバーによって行われる「ワイガヤ」も、身体性の共有を介した相互主観性の醸成の典型です。「山ごもり」とも呼ばれ、伝統的には、三日三晩、会社を離れて合宿し、メンバー同士でワイワイガヤガヤと、日常的な仕事環境から脱却して議論を重ねます。

初日。メンバーは無意識的には共感し合いますが、いざ議論が始まると、個と個がぶつかり合います。自分の持っているさまざまな知識を総動員して意見を語り合います。徹底的に議論すると、けんか腰になることもありますが、合宿なので逃げ場はありません。うわべだけの形式知はやがて尽きます。

二日目になると、暗黙知が表に出てきて全人的に向き合い、相手の存在を受け止め、互いに思いを知るようになります。

そして三日目。三日三晩、生きた時空間を共有し、身体の共振・共感・共鳴をとおして、「自分たちはどんなクルマをつくりたいか」という「われわれの主観」に到達します。そこからリーダーは自己の殻を破る建設的な思考により、「自分は開発するクルマで何を実現したいか」という一人称の思いを明確にすると、三人称の世界でコンセプトを飛躍させ、イノベーションを実現していくのです。

ホンダが生み出したイノベーションの最近の顕著な例として、ジェットエンジンを翼の上に配置するというイノベーションなどにより、クラス最高水準の最高速度、燃費性能、静粛性および室内容量などを実現したビジネスジェット機「ホンダジェット」があります。

プロジェクトリーダー、藤野道格さんは、ワイガヤではありませんが、日常の仕事のなかで矛盾に直面したときは、プロたちと必ず一対一で全人的に向き合い、真剣に知的コンバットを交わし、議論したといいます。ペアリングにより、「我―汝」関係の境地で解決策を見いだしたのです。ペアによるワイガヤともいえるでしょう。

セブン－イレブンのチームMD

セブン－イレブンで独自開発するオリジナル商品や、セブン&アイグループのプライベートブランド「セブンプレミアム」の開発は、商品開発担当者とメーカーの担当者が対等の立場でチームを組む「チームマーチャンダイジング（チームMD）」という方式で行われます。

この方式は、セブン－イレブンの草創期、創業者である鈴木敏文・元セブン&アイ・ホールディングス会長兼CEO（現・名誉顧問）が、店舗で弁当やおにぎりを販売するため、当時は無名だったあるメーカーを訪ねたことに始まります。

鈴木氏が製造を依頼すると、そのメーカーの経営者から、最初は断られてしまいます。それまで契約していた大手企業のために工場まで設立したのに、その大手企業から「これからは自前で製造するので」と一方的に取り引きを打ち切られたことがあり、「もう大手には振り回されたくない」というのがその理由でした。

そこで、鈴木氏は、発注する側と請け負う側という関係ではなく、顧客に価値のある商品を提供するという目標を共有しながら一緒に仕事をするという、「取り引き」から「取り組み」への発想の転換を提案。ここからチームMDが始まりました。

勝見は以前、セブン－イレブン商品本部を統括する石橋誠一郎氏（セブン&アイ・ホールディングスで常務執行役員グループ商品戦略本部長を兼務）が食品開発担当時代、日清食品の技術畑のO氏とチームを組んで、有名ラーメン店の味を再現する日本初の商品を開発し、大ヒットさせた事例を取材したことがあります。

日清がコンビニと組むのは初めてでした。日清の担当者にとっても、有名店の味の再現は積年の夢で、「さすが日清と呼ばれる商品でなければダメです。日清の技術があるからこそできる企画です」と語る石橋氏に共感し、開発をスタートさせます。

第一弾の候補は、札幌に店を構える味噌ラーメンの名店で、新横浜ラーメン博物館のオープン時、館長自ら三年間、五〇回以上通っても出店を断り続け、オープン三カ月前になってようやく承諾した店でした。

こちらから何の努力もせずに頼んでも門前払いを食うのがオチです。経営者に話を持っていく前に、自分たちで自信を持って持参できるサンプルをつくり、相手に認めてもらおう。石橋氏とO氏は、ラーメン博物館や札幌にある本店に何度も通い、自分たちの舌で味を確認すると、試作に試作を重ねました。

店で一緒に食べては、「この味は何ですかね」と問いかけ、試作を口にしては、「ここはもうちょっとこうなりませんか」「あの味はどうやれば出るんでしょうか」と、さらなる改良を促し、容易に妥協しない石橋氏の熱意と高い要求は、O氏の「ここまでやる人がいるのだろうかと思うほどの頑張り」（石橋氏）を引き出し、三カ月後、数え切れない回数の試作の末、「完璧と思えるもの」ができ上がります。

「絶対決めてくる」「決まらなければ発売はない」と覚悟して出かけたラーメン博物館地下一階の店舗で、試作を口にした経営者は相好を崩し、こういって商品化を了解します。「カップラーメンでよくここまでつくったね。本物とは違うけれど、これはこれで一つの世界としてある」

初めて、札幌の本店で日清側スタッフにスープのつくり方が伝授され、発売されると、生産が追いつかないほどの爆発的な売れ行きを見せました。「一緒に食べ、一緒に考え、こちらのいうべきことはいい、相手のいうことに耳を傾け、チームで共に商品をつくり上げるという意識が生まれたからこそ実現できた」。成功の最大要因について、石橋氏はそう語るのでした。

商品開発担当者とメーカーの担当者が身体性の共有を介して共感し合い、顧客とも共振・共感・共鳴しながら仮説を導き、商品化を進める。セブン－イレブンのオリジナル商品やセブンプレミアムのチームMDによる商品開発では、そのような事例が少なからず見られます。

セブン－イレブンの全店平均日販が他チェーンより二割以上高い大きな要因は、商品開発力にあるといわれます。また、セブンプレミアムの年間総売上高は、いまでは約一兆四〇〇〇億円（二〇一八年度）と他者のPB商品に二倍近い差をつけています。

「あるべき姿」を追求するつくり手の強い共感は強い商品力を生み、業績となって表れることを、以降、本書では事例をあげて示していきます。

経営講義⑥ 人と人は動画を介しても共感することができる

佛子園も、ヒルトップも、人と人が直接出会う場、すなわち、身体性の共有を介した共感の重要性を示した事例です。一方、最近は、ビデオ電話を活用するテレワークや、遠距離間のテレビ会議なども普及するようになりました。本章の最後に、デジタルの映像を介しても、身体性を共有したときと同様の共感を生むことはできるのか、検証しておこうと思います。

この問題に一つの解を示しているのが、多店舗展開するサービス企業に動画マニュアルを使った従業員教育の新しいシステムを提供し、離職率の低下を実現して注目を集めているクリップライン（ClipLine）という会社の事例です。以下は、著者らが取材した概要です。

参考事例① クリップライン オンライン動画マニュアルシステム

同社が開発した「クリップライン」の特徴は、システムがクラウド上にあり、現場の店舗スタッフと本部との間で双方向のやりとりが行われるところにあります。

スタッフは店舗でタブレット端末からログインすると、クリップと呼ばれる動画のマニュアルを閲覧できます。閲覧だけでなく、自分の動作をスマートフォンなどで自撮りもしくは同僚などに撮影してもらい、その映像を投稿できるので、タブレットの画面上に手本と自分の映像とを並べて比較し、違いや改善点に気づくことができます。

さらには、自分の映像を本部にレポートとして提出し、店舗運営指導にあたるスーパーバイザー（SV）などから遠隔地にいながらレビュー（評価・コメント）のフィードバックを得ることができます。その映像は他の店舗のスタッフにも公開されるので、スタッフ同士で「いいね」の評価やコメントをもらうこともできます。

大きな特徴は、スタッフが「このやり方のほうがいいのではないか」と自発的に創意工夫した仕事のやり方を撮影して投稿し、本部側が「手本よりもいい」と判断すれば、新しい教材として全店舗に配信されることにあります。

現場に埋もれがちなスタッフの知恵を発掘して動画で〝見える化〟し、それを他の店舗のスタッフも共有することで現場に還流させる。この仕組みの根底には、「パート・アルバイトのスタッフも貢献欲求を持っている」という考えがあります。

注目すべきは、導入企業での離職率の低下という効果です。ある二四時間営業のスポーツジムはパート・アルバイトが二人で運営する形態で、離職率の高さに悩んでいました。それが導入後は、採用半年後の離職率が三四%から九%に激減、一年後も七〇%から三六%に半減しました。

さらに、現場のスタッフから、自分たちなりに発想した新しい仕事の仕方を動画で提案し、他店舗と共有しようとする動きも出てきました。働き方の変化は離職率の低下だけでなく、顧客の継続利用率の向上など業績にも反映するようになりました。働き方に変化をおよぼした要因として、スポーツジムの幹部は、「貢献欲求」が喚起されたのに加え、「一体感や所属欲求が満たされることも大きい」と、次のように話します。

「以前、スタッフの離職率が高かったいちばん大きな理由は、まわりから十分な指導が得られないことによる心理的な不安感でした。導入後はクリップを見ることで提供するサービスのレベルが劇的に向上したのに加え、店舗の異なるスタッフ同士も同じで、クリップ上で互いに顔を認識し、投稿に『いいね』やコメントをし合ったりして、会っていなくてもつながりが生まれた。だから、年一回、全スタッフを集める大会では初対面でも旧知のように打ち解け合い、尋常でない盛り上がりを見せます。新店の応援を募れば、すぐ手をあげてくれる。クリップラインによって、スタッフのコミュニティが生まれている。これはすごいと驚かされました」

なぜ、クリップラインによってコミュニティが生まれるのか。発案者である創業社長は「映像でも共感し合えるからだ」と、こう語ります。

「投稿の映像はスタッフが現場で得た暗黙知の表出化です。その映像を見ながら、スタッフ同士で暗黙知を共有できる。暗黙知を共有できれば、場が生まれます。だから、対面で会っているように感じ、共感が生まれるのでしょう」

いち早く導入した大手牛丼チェーンでも、単なる教育システムではなく、「社内における新たなコミュニケーションツールのインフラ」として位置づけられています。「教える」という一方通行から、相互に「つながる」「共感する」という関係性への転換です。

クリップラインの事例の解釈

このクリップラインの教育サービスは、創業社長のコメントからもわかるように、知識創造理論にもとづいて構築されました。

他者に対する共感は、基本的には「一対一」の対面で身体性を共有しながら、対話することで場が生まれ、相手の微細な身体の動きの流れまでも五感で感じ取り、暗黙知を共有するなかでわき上がります。

一方、本来、映像は身体性を持ちません。ただ、サッカーの試合をテレビで見ても白熱の場面では興奮するように、見る対象が映像であっても、ミラーニューロンは反応するといわれます。

クリップラインの場合、店舗スタッフ自らが自分の仕事ぶりを撮影し、投稿した動画は現場で体得した暗黙知を表出化した形式知ですが、それを見た別のスタッフは映像を介して投稿者の視点に立つことができるので、暗黙知を共有できます。

そして、見る側もコメントし、投稿者もコメントを返すことで、デジタルな時空間に対話の場が生まれます。身体性の共有はなくとも、対面と同様に、二人称で共感し合う関係性に限りなく近づくことができると考えられるのです。

実際、クリップラインが導入された現場では、互いに共感し合うなかで知識創造が連鎖していきます。投稿された映像を見たスタッフが共感しながら自らを顧みることで、自身も現場で蓄積してきた暗黙知が触発される。そして、「わたしもこうありたい」と改善点に気づく。さらには、「わたしだったらこうする」と一人称で自発的に創意工夫し、自分で考えた新しい仕事のやり方を職場で提案したり、投稿したりして、三人称の世界で組織を動かしていく。ここに知識創造を見ることができるのです。

興味深いのは、この知識創造のサイクルが、対面のＯＪＴ（オン・ザ・ジョブ・トレーニング）では「一対一」のペアで生起されるのに対し、クラウドを使うクリップラインでは、「一対ｎ」の広がりになることです。その際、ｎ人のスタッフの一人ひとりがクリップと向き合うときには、前述の動画の特質により、擬似的に「一対一」のペアでの共感の関係性が成り立つ。「１対ｎ」はコスト的にも効率性が高くなります。同時に、「１対ｎ」であっても、それぞれの間では共感が生まれ、知識創造のサイクルが回る。動画の配信、投稿、共有により効率性と創造性を両立しているところにクリップラインの最大の特徴があります。

現代はＳＮＳ（ソーシャル・ネットワーク・サービス）が広く普及し、社内ＳＮＳを導入する企業・組織も増えています。社内ＳＮＳを共感を醸成するメディアとして利活用できれば、組織の活性度を高めることができる。

クリップラインは、デジタルメディアの時代になっても、共感が知識創造の起点となり、そのサイクルを加速させる重要なリソースになることを示しているのではないでしょうか。

第2章

イノベーションは「共感・本質直観・跳ぶ仮説」から生まれる

2

ケース3

日産ノートe-POWER

三〇年ぶりに新車販売首位へ
モーター駆動の走り味が買い替えサイクルを加速

【イントロダクション】

ヒルトップは、経営者と社員、社員と社員との間の共感が独自の人材システムを支えている事例でした。ビジネスの世界では、顧客への共感、リーダーとメンバーとの共感、顧客からの共感、さらには、モノへの共感……等々、多様な共感が生まれます。

この章のテーマはイノベーションと共感です。企業活動からイノベーションが生まれるプロセスをたどると、「共感」「本質直観」「跳ぶ仮説」というキーワードが浮かび上がります。開発者が対象の文脈のなかに入り込んで共感すると、視点が「外から見る」から「内から見る」に切り変わり、それまで気づかなかったものごとの本質を直観できるようになり、それにより発想をジャンプさせて跳ぶ仮説を導き、新しい知を生み出すという流れです。

最初に登場する日産の「ノートe-POWER」は、経営陣の不祥事や経営の混乱が続くなかで快進撃を飛ばしています。

開発者が、ドライバーの立場に立ち、顧客と共振・共感・共鳴するなかでモーター駆動の本質を直観し、技術者同士でも共感し合いながら、加速から「静止」までをアクセルだけで操作するという跳ぶ仮説により、大ヒットするクルマを生み出しました。共感の輪はモーター部隊とは対立しがちなエンジン部隊、続いて販売部隊へと広がっていきました。

この事例では、最先端のテクノロジーを活用し、最近ではAIも駆使するなど、きわめて高度な活動である企業経営においても、人間が持つ共感力が新しい知を生み出す原動力になることを示します。

「部活動」から始まった共感の連鎖が大ヒットをもたらした

❶ブレーキを踏まずに「止める」ことができる

日本のコンパクトカー市場で、ある変動が起きた。始まりは二〇一六年一一月、マイナーチェンジした日産自動車「ノート」が新車月間販売台数（軽自動車を含む）で首位に立ったことだ。日産車としては「サニー」以来、三〇年ぶりの快挙だった。

その後も計画の一・五倍の売れ行きが続き、翌二〇一七年には、コンパクトセグメント（総排気量一六〇〇cc以下の小型・普通乗用車）で、それまで常勝だったトヨタ自動車のハイブリッド車（HV）「アクア」を抑え、一位を獲得。二〇一八年には、普通車全体の登録新車台数でトヨタの「プリウス」を抜いて首位の座についた。

なかでも注目を浴びたのは、購入者のうち、e-POWERと呼ばれる新駆動方式を採用したモデル「ノートe-POWER」を選ぶ比率が毎月七割を占めたことだ。

HVはエンジンとモーターが駆動を適宜交替しながら走るが、e-POWERはモーターで走行し、エンジンは電力の発電にだけ使う。そのため、外部充電の必要がない。燃費は最高で一リッターあたり三七・二キロメートルと、アクアやホンダ「フィットハイブリッド」と同水準。モーター駆動の特徴である静粛性では二クラス上のレベルを実現した。

ノートe-POWERのもう一つの特徴は、「e-POWERドライブ」という運転モードが用意されたことだ。モーターは減速時には運動エネルギーを電気に変換し、生じた電力をバッテリーの充電に回す働きがある。

その際、回生ブレーキという制動力が働く。この回生ブレーキについて、エンジンブレーキより最大で三倍以上の強力な制動力を発生させる方法を開発。加減速をアクセル操作だけで行い、ブレーキを踏まずに「止める」こともできる「ワンペダルドライブ」を可能にした。市街地ならオートマチック車に比べ、ブレーキの踏み替え回数は約七割も減少する。

ただ、e-POWERは、分類上はシリーズ・ハイブリッドと呼ばれる。そのため、ノートe-POWERをHVの一種ととらえる見方もある。しかし、それは本質を見誤る恐れがある。開発の経緯をなぞると、ノートe-POWERは日産の電気自動車（EV）「リーフ」（初代は二〇一〇年一二月発売）の進化形の一つであり、その躍進は自動車の新しい走り味の世界を切り拓いたことがわかるのだ。

❷モーター駆動の走り味にはまった技術者たちは「部活動」を始めた

物語りは、日産が社運を賭けたリーフの開発から始まる。ＥＶは排気ガスが出ない環境性能に加え、夜間の余剰電力を大容量バッテリーに蓄え、家庭用電源として活用するといった社会的側面に関心が集まった。ところが、開発に携わった技術者たちは、まったく別の光景を見ていた。

「それはモーターで走るクルマの楽しさでした」

と話すのは、一貫して電動系に携わり、ノートのプロジェクトではe-ＰＯＷＥＲのシステム開発を担当した第一製品開発部の羽二生倫之・デュピティチーフビークルエンジニアだ。

「エンジンは、アクセルを踏むと吸気弁が開き、点火が行われるためレスポンスに少し遅れがともないます。一方、モーターは、回転がタイヤに直結して伝達系がシンプルなうえ、作動時から最大トルク（回す力）を発揮します。リーフ用のモーターは一万分の一秒の精度で制御するため、レスポンスがすごくよく、アクセルを踏めば胸のすくような加速で走る。このモーター駆動の走りのよさを追求したのがリーフでした。実際、発売後に試乗された方は走ったあと、必ず笑顔になりました。お客さんもモーター駆動の走り味に感動してくれている。その走り味を電気にちなんで、われわれは『しびれる走り』、笑顔を『ＥＶスマイル』と呼んでいました」

「モーターで走るクルマの楽しさ」。それはＥＶ開発で先行した日産の技術者だからこそ知る新しい価値であり、新しいクルマ像だった。だが、リーフの発売前の時点で、ＥＶについて顧客調査を行うと、「ゴルフカート」を想起する回答が多くを占めた。「環境によいが加速は我慢」というイメージが一般的であり、それが現実だった。

モーター駆動の走りのよさを広く知ってもらうためにはどうすればいいか。日産の技術者たちは、リーフの開発途中の二〇〇六年ごろから自主的な取り組みを始めていた。当時のＥＶの航続距離は満充電時でも二〇〇キロメートル程度で遠距離走行には適さない弱点があった。そこで、外部充電を基本にしながらも補助的に発電用エンジンを搭載するレンジエクステンダーという技術の開発を進めたのだ。羽二生より少し上の世代の少数有志による本業とは別の活動で、社内では「部活動」「手弁当チーム」などと呼ばれた。この技術がe-ＰＯＷＥＲへとつながっていく。

部活動はその後、羽二生の世代に引き継がれる。きっかけは、リーフをマイナーチェンジする際、羽二生たちシステム担当が、回生ブレーキの制動力を強めた「Ｂレンジ」という運転モードを生み出したことだった。羽二生が話す。

「Ｂレンジは高速域から減速するのにブレーキに踏み替えずにすみます。すごく楽なので、われわれは『楽々ペダル』、略して『楽ペ』と呼んだりしていました。この楽ペの制動力をもっと強めて、〝止まる〟ところまでいったら面白いんじゃないか。今度はわれわれが部活動を始めました。それがワンペダルドライブの開発の始まりです。日産は外からはコミットメント

（必達目標）の経営しか見えないかもしれませんが、実は現場レベルでは自由闊達な場があって、いろいろなアイデアを自分たちで具現化する裁量を与えられていた。特にＥＶの場合、われわれが需要を創造していくため、なおさらでした」

❸プライド高きエンジン部隊が「発電機」の呼称を受け入れた

この一連の部活動の成果が商品企画の目にとまり、マイナーチェンジを予定していたノートへの搭載が決まった。ノートは新車月間販売台数で常に四～五位に位置し、アクア、フィットに対抗しうる車種として期待された。

既にエンジンが組み込まれているノートにリーフと同じモーター、インバーター（各部品間の信号のやりとりを制御する）、発電機など部品を入れ込む。この難題を、前席下にバッテリーを収納するという離れ技で解決すると、開発チームは「日産がつくるエンジン付きＥＶはどうあるべきか」というテーマに挑んでいった。

走り味の運転性に加え、静粛性、燃費、コストなどの問題も同時に解決しなければならない。静粛性や燃費はエンジンと関係が深い。クルマを加速し、タイヤ音や風切り音などの走行音でエンジン音をマスキングできるところで、エンジンをもっとも効率よい回転数で作動させ、短時間で充電を終える。燃費もよくなり、快適性も高まる。

「ただ、こちら立てればあちら立たずのトレードオフが絶えず発生した」

と調整役を担った羽二生は話す。

「モーター部隊にエンジン部隊、われわれシステム部隊、評価チームなど各チームが毎朝集まっては、その日に解決すべき課題を決める。そして、週一～二回、トレードオフ検討会を開いて大きな判断を下す。このサイクルを回しながらトレードオフを解決していきました。静粛性も時速五〇キロメートル以上で走行してからエンジンを毎分二四〇〇回転で作動させれば、エンジン音が感知されず、燃費とのバランスもとれる制御を実現しました」

もっとも重要な「モーターで走るクルマの楽しさ」の追求については、試乗しては乗った感覚とデータを照らし合わせ、議論し、スペックに落とし込むプロセスを重視した。「朝練」と称して早朝、メンバーで実験車に乗り、テストコースを走りに走り、朝食を食べながら問題点を洗い出す。何十台と実験車を用意し、日本中を走り込む。実証実験の延べ走行距離は地球七・五周分、約三〇〇万キロメートルにおよんだ。

「われわれが追求したのは、EVを持つ日産だからわかる走りの楽しさのツボ、いわば〝秘伝のタレ〟でした。それには、モーター駆動の新たな進化をどう定義するか、目指すクルマ像を全員で共有する必要がありました。その点、われわれは誰もがリーフに乗り、EVらしさの感覚が刷り込まれていた。ノートe-POWERはリーフのアセット（資産）の上につくられたのです」（羽二生）

それを物語るエピソードがある。プロジェクトチームはリーフの開発メンバーが移行し、そこにエンジン部隊が加わった。EV系の技術者たちは、エンジンと発電機をひとくくりにして「発電機」と呼んでしまった。エンジン部隊は当初強く反発した。しかし、開発が終わったとき、モーター駆動の意味に同じクルマ屋として共感を示し、その呼び方を受け入れるようになっていた。だからこそ、プロジェクトを完遂することができたのだった。

この話が他社に伝わると、「日産があのプライドの高いエンジン屋たちを相手に『発電機』と呼んだ。歴史的快挙だ」と話題になったという。

❹マーケティング部隊からユーザーに伝わった共感の連鎖

開発部隊に続き、大きな課題に直面したのがマーケティングチームだった。南智佳雄・チーフマーケティングマネージャーが話す。

「わたしも入社して約三〇年、こんな感覚のクルマに出合ったのは初めてで、走り味に感動しました。開発部隊の技術者たちが精魂を注いだ『モーターで走るクルマの楽しさ』をお客様に伝えることができなければ、ノートe-POWERは活きない。われわれマーケティングチームも覚悟を決めて、二つの決断をしました」

一つは「e-POWERをハイブリッドと呼ばない」ことだった。HVとして売り出せば、市場の反応はある程度読める。逆にHVと名乗らないことで市場への浸透が遅れるリスクもあった。しかし、それでは技術者たちの思いは伝わらない。これまでにない新しいカテゴリーであることを打ち出すため、あえてe-POWERという固有名詞を使った。

二つ目の決断は、その走り味を「言葉で表すこともあえてしない」ことだった。南が続ける。

「ビューンと走るとか、氷の上を滑っているようだとか、いくつも案が出ました。しかし、これはという言葉にめぐり合えませんでした。言葉で表すのは難しい。ならば技術者たちが身体で感じたように、お客様にも身体で感じてもらおう。そこで考えたのが、『EVスマイル』や『楽ペ』を体験してもらう試乗戦略でした。テレビCMで『発明。』のコピーを使ったのも、お客様に『発明とまでいうなら乗ってみよう』と、試乗へ誘う導線をつくるためでした」

全国二一〇〇の販売店に試乗車を通常の二倍の二台ずつ配備。「〝ひと踏み惚れ〟をしてください」というキャッチコピーでモーター駆動の魅力を訴求するキャンペーンに注力した。

試乗コースも信号や坂があって、ワンペダルドライブが威力を発揮するポイントを入れ込むよう徹底。大手流通のイオンやネット通販のアマゾンと連携し、来客向けの駐車場での試乗や、試乗車の宅配も試みるなど考えられる手を次々と打った。

「試乗の成果は大きく表れました。お客様はみなさん、その走り味に感動されました。結果、購入者の七割は従来のノートからの買い替えが占めますが、通常は購入七年後の三回目の車検時に買い替えるのが、ノートe-POWERについては試乗した結果、一～二回目の車検時で買い替えるケースが目立ち、なかには車検の最中に試乗して購入を決め、急遽前のクルマを下

取りに出されるなど、代替えのサイクルが格段に速まったのです」（南）

残りの三割は他社製品からの買い替えだが、そのなかには、既存のHVの下取りも入ってくるようになった。これまで見られなかった現象だった。南によれば、

「これは販売店経由で聞いた情報ですが、ある同業大手は怒っているとか。われわれは虎の尾を踏んだのかもしれない。これから逆襲が来るぞと気を引き締めているところです」

ノートe-POWERのヒットは何を物語るのか。米カリフォルニアではZEV（ゼロ・エミッション・ビークル＝無排気車）規制により、二〇一八年モデルからHVはZEVの対象外になる。フランスやイギリスも二〇四〇年までにガソリン車とディーゼル車の販売を禁止する政策を表明。中国やインドもEV優遇策を進める。世界規模で加速するEVシフトに対応するため、トヨタはマツダと資本提携を結び、EVの共同開発の方針を打ち出した。

ただ、EV開発が本格化すれば、クルマの走りのよさについても、エンジン文化からモーター文化へ、価値観の転換が求められる。ノートe-POWERの開発が示すように、日産は先んじて新しい世界に一歩入り込んだ。トヨタが〝本気〟になれば猛追が予想される。そのとき、新たなモーター駆動の〝走り味競争〟が始まるに違いない。

ものごとの本質を直観できる人が「跳ぶ仮説」を導き出せる

経営講義① 顧客と共振・共感・共鳴しながら本質を直観する

ノートe-POWERの開発は、「ワンペダルドライブ」という、これまでにないコンセプトでクルマをつくり上げたイノベーションといえます。このイノベーションはどのようにして実現したのでしょうか。

論理的な推論の方法には、既存の普遍的な命題から論理的に解を導き出す演繹法（ディダクション）と、現実のなかで具体的に経験したことがらから関係性を抽出していく帰納法（インダクション）があります。

「すべての人間は死ぬ」「ソクラテスは人間である」「ゆえにソクラテスは死ぬ」と考えるのが演繹法です。「これまで見た白鳥はすべて白かった」「ゆえに白鳥は白い」と考えるのが帰納法

跳ぶ仮説は演繹法や単なる帰納法からは生まれない

演繹法（ディダクション）	帰納法（インダクション）	仮説形成（アブダクション）
すべの人は死ぬ ↓ Aさんは人間だ ↓ Aさんは死ぬ	すべての人は死ぬ ↑ Aさんが死んだ Bさんが死んだ Cさんが死んだ …	肉体は消滅しても、精神は永遠に生き続ける ↑ 死ぬとはどういうことか ↑ Aさんが死んだ （身近な死を経験）
普遍的命題を論理的にブレイクダウンし、結論を導き出す	個別の現象や事象を観察し法則化する	直接経験しながら他者に共感するなかで自分の内からわき上がってくる本質直観をもとに跳ぶ仮説を立てる

です。

明確にいえるのは、イノベーションは演繹的思考からは生まれないということです。ノートe-POWERの開発でも、アクセルは基本的には加速のためのものですから、ワンペダルドライブは演繹的思考からは生まれません。一方、単なる帰納法では、誰でも発想できそうな同質的な関係性のなかにとどまりがちです。

イノベーションを起こすために必要なのは、異質で非連続な関係性へと発想をジャンプさせて仮説を立てる「仮説形成（アブダクション）」という発想法です。いわば、跳ぶ帰納法による「跳ぶ仮説」です。「ほとんどの白鳥は白いが、ある条件によっては黒い白鳥もいる」と発想するのがアブダクションです。

では、ノートe-POWERの開発者たちは、

「アクセルだけで加速から〝静止〟まで自在に操作できるワンペダルドライブ」という跳ぶ仮説を、なぜ着想できたのでしょうか。それは、モーターという動力源の本質を直観したからにほかなりません（「ちょっかん」には「直感＝ものごとを本能的に瞬間的に心で感じる」もありますが、本書では「ものごとの本質を直接的に見抜く」という意味で「直観」を使います）。

ものごとの本質とは、時と場所によって変わることのない普遍的な意味や価値のことをいいます。そこで問われるのは、本質をどのようにとらえるかです。

一つの例をあげれば、芭蕉の「古池や蛙飛び込む水の音」の句の本質は何でしょうか。人の意識はいつも、「何かに向かっている」という志向性を持ちます。この句の本質をつかむには、芭蕉の意識が何に向かっていたかを推し量る必要があります。

カエルが飛び込む「水の音」を体感したとき、芭蕉は音の背後にある静寂性を感じ取っていた。つまり、この句の本質は静寂性にある。それは、われわれが芭蕉の立場に立ち、芭蕉になりきって感情移入し、芭蕉と共振・共感・共鳴して初めてわかるのです。

ビジネスにおいても同様です。リーフの開発に携わった技術者たちの意識は、EVによる走行を体感したとき、環境性能以上にモーターならではの走り味に向かっていました。それは、技術者としての技術面での分析的な視点ではなく、顧客であるドライバーの立場に立ち、ドライバーになりきり、顧客と共振・共感・共鳴しながら、ドライバーとして共感したからです。

実際、試乗した顧客は必ず、笑顔になりました。「EVスマイル」という言葉は顧客との共感を示す符号でもあったのです。

続いて、Bレンジの開発に携わった技術者たちの意識は、同じように、ペダルの操作一つで「止まる」ところまで減速させることのできるモーター駆動の面白さに向かい、走りの楽しさの幅を制動へと広げました。

このように技術者たちは顧客と共振・共感・共鳴するなかで、モーターという動力源の本質は「モーターで走るクルマの走りの楽しさ」にあると直観し、EVに新しい意味や価値を見いだした。その意味づけや価値づけを踏み台にして、「アクセル操作だけで加速だけでなく、〝止まる〟ところまで制動力を利かせたら面白いのではないか」と発想をジャンプさせ、跳ぶ仮説を着想したのです。

「モーターで走るクルマの楽しさ」は、前章で示した「我―汝」関係にあてはめれば、顧客との間で二人称で生み出した「われわれの主観」ともいえます。そこから、技術者たちは、「その楽しさを広く知ってもらおう」と一人称の世界でそれぞれに思いを抱き、「部活動」を開始しました。そして、「ワンペダルドライブ」という、跳ぶ仮説による三人称のコンセプトを打ち出し、技術を完成させていったのです。

このコンセプトをテクノロジーとして実現する開発の過程では、演繹法や帰納法の論理的推論、論理分析的な思考も当然、必要となります。それはサイエンス的な思考です。一方、共感、本質直観、跳ぶ仮説はアート的な発想の世界です。その意味でイノベーションは、アートとサイエンスの融合により実現されます。確実にいえるのは、サイエンスだけではイノベーションには到達できないということです。

「神は細部に宿る（God is in the detail.）」という、二〇世紀を代表する建築家ミース・ファン・デル・ローエの有名な言葉があります。現場で個別具体のミクロの事象の奥にある本質を直観的に見抜く力は、イノベーターに不可欠の条件です。そして、その事象に新たな意味づけ、価値づけをしたら、それを踏み台にして跳ぶ仮説（アブダクション）を導く。これがイノベーションを生む基本的な知の作法なのです。

経営講義② 本質直観を組織化するには「直接経験の共有」と「メタファー」が有効

人は赤い花を見たときに「赤い」と感じます。そのように体験をとおして主観的に得られる感覚や質感を「クオリア（感覚質）」と呼びます。技術者たちが直観した「モーターで走るクルマの走りの楽しさ」という本質もクオリアでした。クオリアは暗黙知（経験知・身体知）なので、人から人へと伝えるのは容易ではありません。

クオリアを伝えるのにもっとも効果的なのは、直接経験を共有することです。その意味で、マーケティング部隊がとった試乗戦略はきわめて有効な戦略といえるでしょう。

開発では、技術者たちは「部活動」で直接経験を共有し、クオリアを体感しました。

SECIモードでいえば、暗黙知の共有です。この共同化を経て、暗黙知を表出化し、形式知に変換して、跳ぶ仮説を導き出しました。ここで、ワンペダルドライブがマイナーチェンジを予定していたノートへ搭載されることが決まります。

既にエンジンが組み込まれているノートにモーター駆動の部品を入れ込む。モーター部隊、エンジン部隊、システム部隊、評価部隊などが合体した開発チームで、「日産がつくる『エンジン付きEV』はどうあるべきか」という目指すクルマ像の構築に挑戦していきました。既存の形式知と組み合わせて体系化していく連結化のモードです。

部活動のメンバーが直観したクオリアを開発チーム全体でいかに共有していくか。特筆すべきは、連結化のモードにおいても直接経験の共有を重視し、開発チームとしての共同化を図ったことです。メンバーたちは実験者に試乗しては文脈を共有し、「走りの気持ちよさのツボ」を体感し、感性を数字に変換し、仕様に落とし込んでいきました。

開発チームは、それぞれに専門性を持った部隊が集まったもので、結成された時点では形式をベースにした組織です。これに対し、「自分たちは何をつくりたいのか」「何のためにあるのか」という意味がベースになると、そこに「場」が生まれます。

直接経験の共有が、開発チームを形式ベースから意味ベースへと変えて「場」を生み出し、本質直観の組織化を可能にしていった。それは、エンジン部隊もクオリアを共有し、「発電機」の呼称を受け入れたことが物語っています。

クオリアを共有するうえで、もう一つ特徴的なのは、「しびれる走り」「EVスマイル」「楽ペ」といった、クオリアを表現するメタファーを効果的に使ったことです。マーケティング戦略でも「ひと踏み惚れ」というメタファーが登場します。

暗黙知はいわば〝胸〟や〝腹〟で感じるもので、言葉では表現しきれません。そこで、メタファーやアナロジーで一度表し、一緒に試乗しながら、しびれるとはどういう感覚なのか、どんなときに笑顔がこぼれるのかを体感し、データに変換する。暗黙知を形式知に変換していく過程で、メタファーやアナロジーが媒介として大きな役割を果たします。

共感で結ばれたチームであるほど、共通言語としてのメタファーやアナロジーが豊富になることを、この事例は示しています。

では、どうすれば本質を直観し、跳ぶ仮説を発想できるのか、次のケース4「よみうりランド　グッジョバ!!」およびケース5「マツダ　スカイアクティブ・エンジン」を例に解き明かしていきます。

ケース 4

よみうりランド グッジョバ!!

遊園地でモノづくりを学ぶ 異色の新施設になぜ、長蛇の列ができるのか

【イントロダクション】

遊園地での「遊び」と「モノづくり」を結びつけたのが「グッジョバ!!」です。このアイデアは、論理分析からはとうてい出てきません。すべては、発案者である経営トップが、モノづくりの現場でつくり手に共感し、その面白さの本質は「人間の知恵が詰まっていることにある」と直観したことから始まります。

経営トップは、まず、閉園の計画が進むなかで、アシカショーの飼育員たち

が奮闘する姿に共感して、園再生の本質は「人づくりにある」と直観します。その成果でスタッフの企画力が高まって人気が回復し、資金力がついた段階で、グッジョバ!!のプロジェクトに着手しました。「遊びと学びの合体」という跳ぶ仮説も、顧客の視点で遊園地をとらえたとき、「面白さの本質は同じ」と直観したことによります。

このように、よみうりランドの再生劇は、局面、局面での経営トップの本質直観が歯車を回す役割を担っていました。

ものごとの本質は、どのようにすれば直観できるのか。この事例では「現実を内から見る」「物我一体の境地に入る」「動きながら考え抜く」「会社のしがらみから脱する」という四つのポイントを示します。

「モノづくり」と「遊び」を合体させた元経済記者の本質直観力

❶入場者数六〇万人から一九三万人へ

取材は、四五分待ちの列に並ぶことから始まった。遊園地よみうりランド（東京・稲城市）で二〇一六年三月に誕生したモノづくり体験型エリア「グッジョバ!!」。「GOOD JOB ATTRACTION」の略で、独自開発のアトラクションを通じて、遊びながら各種製品の製造工程が学べるという趣向だ。開業（一九六四年）以来最大の約一〇〇億円が投じられた。旧駐車場の敷地は二万四〇〇〇平方メートルと東京ドーム半分ほどの広さだ。CAR（自動車）、FOOD（食品）、FASHION（アパレル）、BUNGU（文具）の四業種の工場をイメージした施設（factory）が並び、それぞれに協力企業の日産、日清食品、ワールド、コクヨの社名が掲げられている。この施設内に合わせて一五のアトラクションと、入場者参加型の四つのワークショップが入っている（二〇二一年には大正製薬の協力により、ドリンク剤「リポビタンD」をテーマに、宇宙旅行を体感できる屋内型コースター「SPACE factory」が開設予定）。

取材に訪れたのは四月初めの春休み中で、各アトラクションの前には入場待ちの列ができていた。クルマの車体に好きなデザインの部品を取りつけ、乗って試験走行ができる「カスタムガレージ」や、「日清焼そばU．F．O．」の製造・調理工程の一連の流れを体感できる急流下りボートアトラクション「スプラッシュU．F．O．」などは人気で一二〇分待ちだ。

そこで待ち時間四五分と比較的短いＢＵＮＧＵへと向かった。コクヨの代表的商品「キャンパスノート」の製造工程を題材にした「キャンパスチャレンジ」に挑戦してみることに。紙の運搬から表紙付けや検査まで、工程ごとに設定されたゲームをクリアしてノートを完成させる。

「全工程をクリアできる人は一日に一人いるかいないかです」との係員の説明どおり、かなりの反射神経が必要だが、その難しさが逆に面白く、不合格でも「もう一度」という思いがわく。エリア内を一通り見た後、インタビューへ向かう。

「コクヨ館、行かれましたか。入り口のテレビ画面に、実際の工場の各工程の映像が流れていたでしょ。小学生の夏休みの自由課題のテーマになるくらいの情報が入っているんです」

得意げに語るのはグッジョバ!!の発案者、関根達雄会長（現・最高顧問、読売新聞グループ本社取締役）だ。関根は親会社読売新聞の出身で、執行役員制作局長だった二〇〇六年、よみうりランドの社長の急逝を受け、急遽移り、翌年社長に就任した（二〇一四年より会長）。

当時、入場者数は六〇万人台と最盛期から半減。閉園してショッピングセンターを建てる計画が進んでいた。それが二〇一六年度にはグッジョバ!!効果で一九三万人を記録した。元経済部記者による遊園地再生の軌跡をたどる。

❷大赤字のアシカショーでの気づき

着任時、関根は園内でよく足を運ぶ場所があった。経費がかかり、赤字額がいちばん大きかったアシカショーだった。閉園したら飼育員たちはどうなるのか……思い悩みつつショーを見ているうち、ふと、ある思いがよぎった。

数字的には赤字でも園でいちばん奮闘しているのは、むしろ、ショーに加え、昼夜アシカの世話や訓練をしている飼育員たちではないか。もし、ほかの社員たちの働き方も彼らと同じレベルに引き上げられれば、困難を乗り越えられるのではないか。目指す方向さえ示せば、いまは眠っている社員たちの意識を目覚めさせることができるかもしれない。

もう一度遊園地に賭けてみよう。再生を決意したとき、浮かんだのは記者時代、目にしてきたモノづくりの現場の光景だった。関根が話す。

「わたしは工場見学に行くと、立ち入り禁止区域にまで入り込むほど、現場が面白かった。よみうりランドに赴任してからも、園内をよく回りました。そこからわかったのは、アミューズメントも、モノづくりも面白さの本質は同じではないかということでした。そこには人間の知恵が詰まっている。お客様もそれを面白いと感じて遊園地に来られるのではないか。ならば、モノづくりとアミューズメントを合体させればもっと面白いと思ってもらえる。遊びをとおして学べば、日本が誇るモノづくりへの理解も深まります。遊園地がそのステップになるなら存在意義がある。その気づきから始まりました」

子供向けの職業体験型施設として開業していた「キッザニア」はサービス産業が中心。モノづくりがテーマなら違いが出せると読んだ。関根は、アミューズメント畑を歩んできた曽原俊雄・遊園地事業本部副本部長（現・同本部統括部長）に指示を出した。

「各地の工場を見てくるように」

二〇〇九年のことだ。ただ、理由はあえて示さなかった。

曽原によれば、

「指示は、モノづくりを学べ、その一点でした」。

以降、関根と一緒に回る工場見学が三～四年続いた。見学後は関根との議論が待っている。十分に答えられないと同じ工場に二度、三度行かされた。自分の仕事とどう関係するのか、次第に疑問がわき上がっていった。

「そろそろ爆発寸前か……」

関根は頃合いを見て、目指す方針を伝えた。その理由をこう語る。

「初めに〝遊びと学びの合体〟というコンセプトを示したら、工場を見ても〝遊び〟の面が先走ってしまったでしょう。モノづくりとは何か。現場には答えがある。それを見てほしかったのです」

❸カップヌードルの逆転発想を学ぶ

モノづくりとアミューズメントの合体。それをどう具現化するか。開発リーダーとなった曽原の苦闘が始まる。企業を回り、協力を求める。製造の独自の技術や工夫まで教えてもらわなければならないが、前例のない企画だけに示せるのはコンセプトと想定図だけだ。

多くの企業に断られるなかで、賛同を得られたのが前出の四社だった。結果的にモノづくりを身近に実感できる業種が揃った。次いでアトラクションづくりでもハードルが立ちはだかった。

「たとえば、CARのカスタムガレージです。お客様が自分でつくった乗り物に乗るのは安全上、非常に難しい。もし試験走行中にパーツが落ちたら、後ろのクルマがそのパーツに乗り上げ、トラブルになりかねません。ただ、クルマづくりはグッジョバ!!のコンセプトをいちばん体感できる。磁石による吸着と電動ドライバーによるネジ締めで安全性を追求しました」（曽原）

試験走行のゴールは輸出船の船倉だ。「クルマづくりは輸出産業として国を支えるという学びを入れたい」との関根の強い意向によるものだった。

この遊びと学びのバランスも課題となった。スプラッシュU・F・O・は焼きそばの工場内を流れる急流をボートで下る途中、映像ゲームがあり、製造を邪魔する「悪者ケトラー」と戦いながら進む。麺を揚げる油の温度は一五〇度。ケトラーが温度を下げようとするのを防ぐことで、揚げる適温を知る。

巨大なカップが上から降りてくる場面もある。そこには日清食品の創業者安藤百福がカップヌードルを発明する際、麺をカップに入れるより、カップを麺の上からかぶせるほうがうまく収まると発見した「逆転の発想」が秘められている。

「わたしも適宜アドバイスし、結果的に遊びと学びが七対三ぐらいになるようなバランスになりました」（関根）

〝学び派〟の関根が特に推進したのがワークショップだった。「ドライビングラボ」は、初対面の参加者がチームを組んでクルマの模型を組み立て、タイムを競う。互いに役割を明確にしてタイムを短縮させ、「カイゼン」を学ぶ。「わくわくファッションラボ」は、ミシンで作品を縫ったりする。〝遊び派〟の曽原は当初、ワークショップについて、「参加者がいるだろうか」と不安を抱いたという。

「学びの要素が強く、追加料金が必要で時間も三〇分くらいかかるからです。ところが、やってみたら大盛況で予約はすぐに埋まる。なによりうれしかったのは、親子三世代のお客様で、ミシンを教えてくれるおばあちゃんにお孫さんが尊敬の眼差しを向けていたことでした」（曽原）

関根がモノづくりをテーマにしたのは、「日本の製造業の全盛期を支えた世代が孫の世代と一緒に対話ができるような場に」と想定した面もあった。実際、親子三代での来場が増えたという。

❹グッジョバ!!の誕生を可能にした「二段ロケット」プロセス

アトラクションも、ワークショップも企画力が問われる。特にワークショップは三～四カ月ごとに内容を変える。その企画力を高めることができたのは、関根が注力したもう一つの再生の柱によるところが大きかった。

アシカショーの飼育員たちの働き方に共感するなかで、園再生の本質は「人づくり」にあると直観。当時は、遊びと学びを合体させる新施設に投資する余力がなかったため、既存の施設での各種イベントの企画で集客力を高める戦略がとられたのだが、スタッフにも企画づくりに知恵を絞ることを求めて園の再生に参加させ、人づくりを進めたのだ。現場でスタッフたちとともに企画づくりを進めた曽原がいう。

「低迷していたころはスタッフたちの士気が上がっていませんでした。それが自分たちの知恵が活かされるようになると、パートやアルバイトまで活き活きとした表情になり、企画力が高まっていきました」

企画のなかでも大ヒットしたのが、二〇一〇年から始まった冬期のイルミネーションサービス「ジュエルミネーション」だった。世界で初めて宝石をテーマにしたＬＥＤ照明により、幻想的な夜の遊園地を演出する。関根自ら、世界的照明デザイナー、石井幹子氏に交渉しプロデュースを依頼。毎年趣向を変えながら、スタッフはさらに企画力や接客力を磨いていった。まばゆいほどの輝きは大反響を呼んで、入場者数も右上がりに転じた。関根が話す。

「遊園地はもともと損益分岐点が高く、収入を増やすには園の稼働率を高めることが課題でした。ジュエルミネーションの期間中は、午後五〜六時の閉園時間を最長九時まで延ばすことができるようになり、入場者数もサービス開始五年で二倍に増えました。同時に社員たちのイベントの能力も高まり、アシカショーの飼育員たちの頑張りを見たときの思いが現実のものとなっていったのです」

グッジョバ!!の誕生に至るプロセスを、関根は「二段ロケット」と表現する。

「イベント戦略がこれほど当たらなかったら、ｆａｃｔｏｒｙも一館、二館と順次追加していくやり方をしたかもしれません。でも、それではインパクトがない。資金的にも、社員の能力的にも準備が整ったからこそ、〝二段ロケット〟のように、一〇〇億円の投資ができ、これまでにない新しい施設を四館同時にオープンすることができたのです」

❺本質追求の姿勢が協力企業の本気を引き出した

モノづくり体験をよりリアルにするため、協力企業の尽力も大きかった。

ＦＡＳＨＩＯＮの屋内型コースター「スピンランウェイ」の製作中、順番待ちスペースの壁に大きな空白面ができてしまった。するとワールド側から「若いデザイナーに何か描かせましょう」と提案があった。「ならば子どもたちの感性をハッと刺激するようなものを」とオーダーすると、「デザイナーの頭の中」と題した幾何学模様の絵が出てきた。ある女性デザイナーが服をデザインするときに浮かぶイメージを描いたものだった。

「説明をつけるかどうか悩みました。でも本物にこだわる企業だからこそ出てきたものです。子どもたちの感じるままに任せました」（曽原）

スプラッシュＵ．Ｆ．Ｏ．でも、焼きそばが完成するゴール近くで本物そっくりの匂いが漂い、リアル感を演出する。これも日清側の技術者の発案で、匂いが瞬時に拡散し、消える特別の仕かけをこのためだけに考えてくれた。

協力企業からの本腰の取り組みを得ることができたのも、ひたすら工場を回り、モノづくりの現場を学ぼうとした日々があったからだろう。本質を追求する姿勢が協力者たちの共感を呼んで、本気を引き出し、かつてない新しいものを生み出した。グッジョバ!!の成功は、そんな〝ＧＯＯＤ ＪＯＢ〟の原点を示している。

「本質直観」には「外から見る現実」より「内から見る現実」が大切

経営講義① 「客観的現実《リアリティ》」よりも「主観的現実《アクチュアリティ》」に目を向ける

どうすれば、ものごとの本質をつかめるのか。いくつかの方法論をあげてみましょう。

関根氏には新聞社の資材部長を務めていたころ、こんなエピソードがあります。新聞の印刷用の大きなロール紙は、芯に歪みがあると輪転機を回しているうちに回転が乱れてしまいます。ベテランは回転する紙の表面を触っただけで芯の歪みを感じ取れる。関根氏は、匠の技を極めようとするベテランたちの姿に共感して、自身も触ってその感触を共有できるようになるまで現場に通い続けました。

このエピソードは関根氏の発想の仕方をよく表しています。モノづくりの現場で、つくり手に共感し、つくり手の視点に立ち、つくり手の文脈に入り込むことで、モノづくりの面白さの本質は「人間の知恵が詰まっている」ことにあると直観した。

よみうりランドに赴任してからも、関根氏は現場を見て回り、顧客の文脈に入り込むことで、顧客が遊園地を面白いと感じるのも、そこに人間の知恵が詰まっているからではないか、と直観しました。そして、遊園地を「知恵を学ぶ場」として新たに意味づけ、アミューズメントも、モノづくりも本質は同じではないかと価値づけし、その意味づけ、価値づけを踏み台にして、「モノづくりとアミューズメントを合体させる」という跳ぶ仮説を導き出すのです。

また、関根氏は、遊園地でいちばん赤字を出していたアシカショーに足を運んでいたときも、飼育員たちの働き方を見て「いちばん奮闘している」と飼育員たちに共感し、働くスタッフたちの文脈に入り込みながら再生の本質は「人づくり」であると直観しました。そして、スタッフをコストと見るのではなく、「再生の担い手」と新たに意味づけると、「資金がない分、新しい施設ではなく、スタッフの知恵で集客力を高める」という、跳ぶ仮説を打ち立てたのです。

同じ現実と向き合っても、本質を直観できる人とできない人の違いはどこにあるのでしょうか。著名な精神病理学者である木村敏・京都大学名誉教授によると、現実にはリアリティ（reality）とアクチュアリティ（actuality）のふたとおりの意味があるといいます。

主体（自分）と客体を分離し、客体を外から傍観者的に対象化し、観察するのがリアリティです。一方、五感も駆使して、客体の視点に立ち、客体になりきり、主客未分の境地で「い

モノとコトはどう違うか

「木から落ちるリンゴ」
↓
見ている「わたし」の主観には何の関係もない客観的なもの
↓
それだけで完結しているかのよう
↓
モノ（リアリティ）

「リンゴが木から落ちる」
↓
「木から落ちるリンゴ」という客観と、それを見て「リンゴが木から落ちる」ということを経験している主観の両方を含む
↓
「わたし」が介在する
↓
コト（アクチュアリティ）

ま、ここ」の文脈に入り込み、深くコミットメントして、内から見るのがアクチュアリティです（木村敏著『心の病理を考える』岩波新書および『存在と時間』中公新書より）。

観察による現実認識がリアリティで、いわば外から見た〝冷めた現実〟であるのに対し、経験や行為を通じた現実認識がアクチュアリティ、すなわち内から見た〝活きた現実〟といってもいいでしょう。リアリティは客観的現実、アクチュアリティは主観的現実ともいえます。

関根氏は、新聞社の工場で、輪転機と向き合うベテランたちの姿を外から見る客観的現実のリアリティとしてとらえるのではなく、内から見るアクチュアリティとしてとらえ、共感したことでモノづくりの面白さを直観できました。

アシカショーの飼育員たちの仕事ぶりに対しても、外から傍観するのではなく、内に入り、相手と

同じ視点に立って感じ取り、共感するなかで再生の本質を直観しました。外から見ていたら、いかに赤字を削減するか、分析的な視点しか持てなかったでしょう。

ヒルトップでも、社員が置かれている現実をリアリティではなく、アクチュアリティとしてとらえることで、人間のあり方の本質に立ち返り、昌作氏はヒルトップ・システムを発案し、勇輝氏はＡＩによるプログラミングの自動化を着想しました。

本質直観力を高めるには、現実に二面性があることを認識し、そこにいる他者の視点に立ち、共感しながら文脈に入り込み、ものごとをアクチュアリティとしてとらえる視点を忘れてはなりません。

経営講義② モノに対しても「物我一体」で共感する

リアリティとアクチュアリティの違いに関連して、興味深い写真があります。ホンダの創業者本田宗一郎氏が、テストコースでしゃがみ込んで地面に手をつき、眼前を疾走するバイクを凝視している写真です。目線をバイクと同じ高さに合わせ、五感を駆使し、目でバイクを追い、耳でエンジン音を聞き、鼻で排ガスから燃焼状態を確認し、手に伝わる振動を感じ取る。

このとき、宗一郎氏はバイクのハンドルを握るライダーになりきると同時に、バイクそのものにも感情移入し、いわばバイクになりきって、目の前の光景をアクチュアリティとしてとらえていたように思われます。

これまで本書では、人と人との間の共感について述べてきました。その一方で、モノに対する共感もあることをこの写真は示唆しています。これはどのように理解すればいいのか。

たとえば、「木から落ちるリンゴ」というモノと「木からリンゴが落ちる」というコトはどう違うのか。前出の木村氏によれば、「木から落ちるリンゴ」というモノは、見ている「わたし」の主観に関係ない客観的なモノである。一方、「木からリンゴが落ちる」というコトは、客観的なモノだけでなく、それを経験している「わたし」の主観も含み、「わたし」がいて初めて「木からリンゴが落ちる」というコトが生まれる。モノはそこに人間がかかわろうとかかわるまいと存在するのに対し、コトはそこにかかわる人間との関係性のなかで成立し、人間の経験として生成される。

リアリティは、対象を客観的なモノとしてみる「モノ的現実」であるのに対し、アクチュアリティはモノの向こうにコトを見る「コト的現実」ということもできます。「いま、ここ」で進行している関係性や文脈のなかで身をもって経験している現実が、アクチュアリティになる。

このことに関連して、脳科学者の茂木健一郎氏も興味深い指摘をしています。なぜ、ニュートンはリンゴが木から落ちるのを見て、「万有引力」を思いついたか、茂木氏は『脳内現象〈私〉はいかに創られるか』(ＮＨＫ出版)のなかでこう述べます。

「リンゴなんて、勝手に落ちるんだろう…（中略）…とそれ以上の関心を持たないならば、重力の法則は発見されない。リンゴが落ちてくるのはなぜか、月が落ちてこないように見えるのはなぜか、というリンゴや月という『他者』の立場に立って考えて、初めて重力の発見の道が開かれる」

つまり、「わたし（ニュートン）」が介在し、「わたし」がリンゴが木から落ちるのを経験するなかで、リンゴの立場に立って考えたとき、モノの向こうにコトが見え、モノがコトに変わったとき、万有引力は発見されたというわけです。

つまり、人はモノに対しても、単なるモノとしてではなく、コトとしてとらえれば、共振・共感・共鳴し、感情移入ができる。たとえば、著者らが取材した小惑星探査機の初代はやぶさの例があります。

三億キロ彼方の小惑星まで航行し、サンプルを採取し、地球に帰還することを目指した初代はやぶさは、姿勢制御装置の故障、燃料漏れ、通信途絶による行方不明、エンジン停止と次々とトラブルに見舞われます。

この緊急事態に対し、プロジェクトチームのメンバーたちは論理や合理性を超える本質直観により、たとえば、四基あるエンジンのうち、不調なエンジンでまだ機能している部分と部分をつないで一基分のエンジンとするなど、当初の想定にはない跳ぶ仮説による解決策を次々導き出します。その本質直観ははやぶさへの感情移入がもたらしたものでした。

「どうして君はこれほどまでに指令に応えてくれるのか」と吐露したリーダーをはじめ、メンバーたちはみな「わが子を育てる感覚」を持っていたといいます。主体的にかかわるほど、相手がモノで遠く離れていても感情移入し、限りなく身体性を感じて、共振・共感・共鳴するようになる。だからこそ、はやぶさのちょっとした変調や状態の差異も見逃さず、即興的な判断力を駆使することができた。それが多くの人々の感動を呼ぶ物語りとなったのです。

ノートe-POWERの開発者たちも、ドライバーの立場になりきりながら、同時に、クルマそのものとも共振・共感・共鳴したから、クルマというモノではなくコトとしてとらえ、主観的なアクチュアリティの世界でモーター駆動の本質は「走り味」にあると直観できたのでしょう。もし、客観的なリアリティとしてとらえていたら、もっぱら環境性能のほうに目が向いたでしょう。

日本を代表する哲学者、西田幾多郎は、人間がものごとに集中して無心になり、主客の区別や対立を超えた「主客未分」、つまり、我とモノが一つに溶け合った「物我一体」の境地に至ってものごとの本質がわかると考え、これを「純粋経験」と呼びました。

アメリカの有名な心理学者チクセントミハイは、人間が一つの対象に集中して最高に楽しい経験をしている状態を「フロー状態」と呼びました。このとき、主体は我を忘れ、行為そのものに深く没入している。主客未分化の純粋経験はどちらかというと東洋的な世界と考えられていますが、この忘我のフロー経験は純粋経験の概念とつながるものがあります。

人は主体的にかかわるほど、リアリティではなく、アクチュアリティの世界で現実をとらえるようになる。大切なのは、いかに対象に全人的かつ主体的に向き合えるかどうかです。

経営講義③ 本質直観には「動きながら考え抜く」ことが必要

関根氏は曽原氏に、「遊びと学びの合体」というコンセプトを示さないまま、三〜四年も工場見学を続けさせました。ここにも、現場で「動きながら考え抜く」という本質を直観するための二つ目の方法論が含まれています。

モノづくりと遊園地は既存の論理では結びつきません。関根氏が部下の曽原氏に最初から言葉で説明しても、本質的には理解は得られなかったでしょう。そこであえて説明せず、曽原氏を一緒にモノづくりの現場に通わせ、見学後に議論を重ねました。曽原氏も議論するためには、懸命に考えなければなりません。

「考える」と「動く」は、ややもすると分離する傾向があります。あるテーマがあり、最初に考え、それから動く。その場合、既存の概念にもとづき、その枠組みで現実をとらえようとするため、対象を外から観察し、分析するという傍観者的な視点に陥りがちです。それは、モノを見る視点、すなわち、リアリティをとらえる視点です。外から分析している限り、そこからはなんら、新しい知は生まれません。

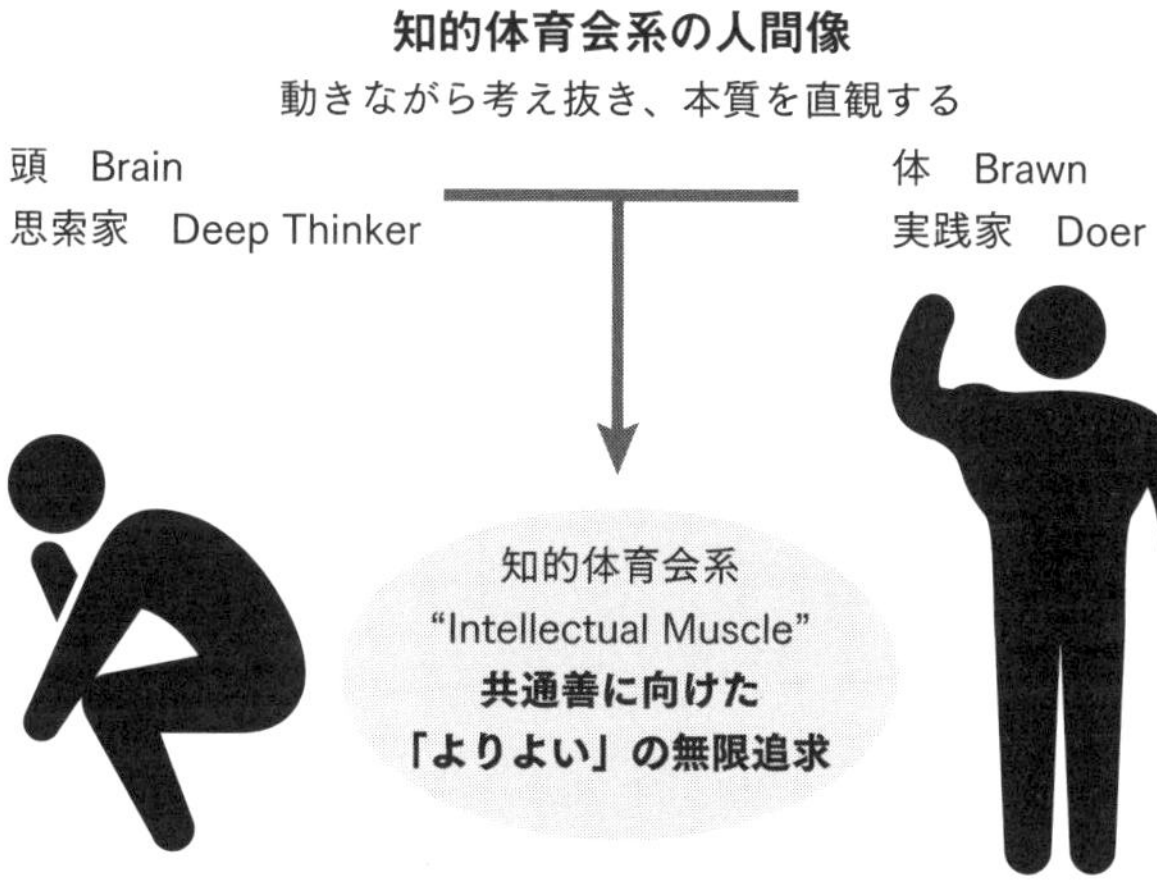

知識創造の出発点は身体を媒介とした直接経験にあります。コトを見抜き、現実をアクチュアリティとしてとらえるとき大切なのは、現場で「動きながら考え抜く」ことです。

イノベーションは個別具体の現実のなかに本質を直観し、跳ぶ仮説により、一定の概念を生み出すことから芽生えていきますが、個別具体の現実は多種多様であり、しかも、固定的ではなく流動的で常に動きます。そこで、自身も動きながら、そのときどきの文脈に自ら入り込み、関係性を読み取らなければならない。

すると、事象と事象の間の類似性が見えてきて、さらに、そのなかから「こうとしかいいようがない」という同一性があらわれ、普遍的な本質が浮かび上がる。そして、現場を経験するほど、身体（五感）を通じて暗黙知が蓄積され、引き出しが増えていくので、本質を的確に直観できるようになる。関根氏が、「現場には答えがある」と通わせたねらいはここにありました。現場での実践を重視し、直接経験を積み上げ、暗黙知を蓄積していく能力と、本質を直観し、跳ぶ仮説により、経験を概念に転換していく能力をあわせ持った人を「知的体育会系(Intellectual Muscle)」と呼びます。現場で「動きながら考え抜く」ことのできる人は、きわめて活力と知力にあふれた知的体育会系としてイノベーションを実現することができるのです。

経営講義④ 組織のしがらみに縛られていては「本質直観」はできない

著者らが取材した事例のなかで、共感を起点に本質直観から跳ぶ仮説に至った異色な例をもう一つ紹介しましょう。

参考事例② バンダイ　だんごむし

バンダイのカプセルトイで一個五〇〇円と高価格ながら、二〇一八年八月の発売から一〇カ月で一〇〇万個を売り上げた「だんごむし」です。生きもののダンゴムシは指で触れると丸まります。そのダンゴムシを実物の一〇倍に拡大し、丸まる仕かけを組み込んで立体化しました。自販機に硬貨を入れてレバーを回すと出てくるのがカプセルトイですが、カプセルレスといって、だんごむしがそのまま丸まった状態でゴロンと出てきます。

このだんごむしは、カプセルレスに向いた球状の題材を探していた開発者が、ある光景を見てひらめいて着想したものでした。それは、自身の小学生の娘さんが公園で見つけたダンゴムシを指でつつき、丸くなるのを見て、楽しそうに遊んでいる姿でした。自分も子ども時代、ダンゴムシをいじった記憶がありました。

「これは究極のカプセルレス商品になるのではないか」。開発者は社内で極秘に一人でサンプルづくりを始めます。カプセルトイはアンパンマンなどのキャラクターものが中心であり、それに対し、だんごむしはノンキャラクターで地味であり、売れる可能性を示す市場分析のデータ的な裏づけは何もなく、提案しても却下されるのは目に見えていたからです。

それでも開発を進めたのは、娘さんがダンゴムシで遊ぶ姿を見て、自らの記憶もよみがえらせながら、無心の境地で子どもになりきり、共感しながら、ダンゴムシの面白さの本質を直観したからでした。その子どものころの思い出は顧客の記憶のなかにも刷り込まれており、その共感は顧客とも共有できるはずのものでした。

ダンゴムシは虫のなかでもカブトムシのようなヒーローではなく、いわば、〝日陰の存在〟です。だからこそ、スポットライトを当てると、新しい意味や価値が生まれる。そこから発想をジャンプさせ、「一〇倍のサイズに拡大し、自販機から丸まった形で出てくる光景はシュールで絶対ウケる」という跳ぶ仮説を導きました。

だんごむしの面白さもクオリアで本能的な感覚、すなわち暗黙知であり、言葉では表現しきれません。そこで、開発者は極秘で試作を進め、プレゼンの場でサンプルを見せることで、参加者の共感を喚起し、商品化の承認を得ることに成功するのです。

だんごむしの事例の解釈

この開発プロセスで注目すべきは、開発者が上司にも話さず、極秘で試作を進めたように、組織のしがらみに縛られなかったことです。ここに、ものごとの本質を直観する三つ目の方法論が示されています。もし、社内の目を意識していたら、市場性のほうに意識が向いてしまい、公園で目にした光景を子どもの視点に立って、ありのままにとらえ、ダンゴムシの面白さの本質を直観することもできなかったでしょう。

日産のノートe-POWERの開発においても、「手弁当」で「部活動」が許容される「自由闊達の場」があったからこそ、モーターという動力源の本質は走り味にあることを直観できました。もし、組織的に動くことに意識が向いていたら、環境性能や燃費の効率性といった技術的コンセプトの枠にとどまり、跳ぶ仮説によって、エンジン部隊やマーケティングチームを巻き込むような共感的コンセプトは生み出せなかったでしょう。

人の意識はいつも、「何かに向かっている」という志向性を持ちます。もし、意識が組織や社内の目に向いていたら、どんな現実に直面しても、ものごとの本質を直観できないでしょう。

組織のしがらみや社内の目に縛られないためには、強い目的意識や問題意識を持つことです。だんごむしの開発者は、「形が球状でカプセルレスに向いた題材はないか」と四六時中探していました。ノートe-POWERの開発者も、モーター駆動の可能性をひたすら追求していました。よみうりランドの関根氏も、「いまは眠っている社員たちの意識を目覚めさせたい」という強い問題意識を抱いていました。もし、組織のしがらみに意識が向いていたら、閉園してショッピングセンターを建てる計画を進めたでしょう。

強い目的意識や問題意識を支えるのは、自分なりに真・善・美を求める思いであり、それこそが知識創造の原動力になるのです。

ケース 5

マツダ スカイアクティブ・エンジン

「世界最小」の開発部隊で「世界一」の性能を実現する

【イントロダクション】

ノートの事例が示すように、世界の自動車メーカー各社は、HVやEVの開発でしのぎを削っています。その一方、内燃機関であるエンジン技術を磨き上げるという独自の路線を突き進んでいるのがマツダです。

最新モデルである新世代ガソリンエンジン「スカイアクティブX」は、ガソリンエンジンとディーゼルエンジンの特徴をあわせ持つ燃焼方式を世界で初めて実用化しました。この燃焼方式は、従来とは飛躍的に高いエンジン効率を実現し、「夢のエンジン」とか「究極の内燃機関」と称されてきました。

これまでメルセデス・ベンツやフォルクスワーゲン、ゼネラルモーターズ、ホンダなどが開発に着手したものの途中で次々断念するなかで、マツダは数々の困難を乗り越え、実現にこぎ着けました。そこには、初代のスカイアクティブ・エンジンを開発した技術者たちの「エンジンの理想像を追求する」という思想が引き継がれています。

ここに紹介するのは、初代の開発リーダーと技術者たちの物語です。近未来においてもガソリンエンジンを必要とする人々への共感から始まり、リーダーのメンバーに対する共感を原動力にイノベーションに至りました。リーダーがいかに本質を見抜いたかを学びます。

世界一の高圧縮比に到達した「振り切る発想」

❶近未来の世界の人々への共感から選んだ「内燃機関を磨く」という路線

世界一のクルマをつくる。マツダがその目標に向け、クルマをゼロからつくり直すということにチャレンジし、生まれたのが「スカイアクティブ テクノロジー」と呼ばれる独自技術だ。

この独自技術の中核をなすのが、ガソリンエンジンながら、HV並みの低燃費を実現した「スカイアクティブ・エンジン」だ。二〇一一年に登場した初代のエンジンは、世界一の高圧縮比というイノベーションにより、低燃費を可能にした。既存の常識をくつがえす技術は、一人の技術者がいなければ実現しなかった。

自動車業界に多くの技術者を輩出してきた東京大学工学部航空工学科出身。入社後は要素技術を先行開発する技術研究所でエンジンを担当した。しかし、新しい技術開発に次々取り組み、成果を提案しても、商品開発に採用されることはなく、「虚しい日々」を二〇年間も送った。「世界一の技術」を目指すことが心の支えだった。

「達成感もなく、年だけとってサラリーマン生活を終えるのか」と思いかけた四〇代半ば、EU環境規制という「待ち望んでいた外圧」が到来する。

当時、マツダはHVもEVも技術を持たず、環境対応が遅れていた。ただ二〇三五年の時点でもEVの普及率は一〇%に満たず、ガソリン車、ディーゼル車、HV、プラグインHVなど、九〇%以上のクルマは内燃機関を搭載すると予想されていた。

しかも、EVは大がかりなインフラ整備が必要なため、新興国ではその傾向が強まる。近未来においても、内燃機関を必要とする世界中の人々のために、圧倒的に優れたエンジンを提供したい。不遇から一転、その思いを胸に、EU環境規制に対応するためのプロジェクトのリーダーに就くと、それまで蓄積した技術を総動員。跳ぶ仮説より既存の限界を超え、世界に類のないエンジンをつくり上げた。

必要なときに必要な人材が裏舞台から表舞台へ登場。トップ企業と比べて圧倒的にリソースが少ないがゆえに選んだ「内燃機関を磨く」という、他社と異なる道筋が結果として大きな成功に結びつき、世界中の自動車メーカーの注目を浴びる。売上高がトヨタの八分の一ほどの「小さな会社」はいかに戦ったのか。一人の技術者とマツダの逆転のドラマをたどる。

❷沈滞する部隊に「決起のメッセージ」を発信する

その技術者の名前は人見光夫という。常務執行役員としてパワートレイン（PT）開発などを担当する（現・シニアイノベーションフェロー）。体重一〇〇キロを超す巨漢。「技術と冗談では誰にも負けない」が口癖で、独特なユーモア感覚が社内でも人気だ。通称、「マツダのミスターエンジン」。

人見の逆転人生は二〇〇〇年、PT開発本部内の先行開発部の部長に四六歳で就任したときから始まる。エンジンの先行開発部員はわずか三〇名。当時親会社だったフォードとのエンジンの共同開発に大量の人員を割かれてしまったためだった。トップ企業では先行開発部隊は一〇〇〇人規模だ。三〇名で何ができるのか。組織は沈滞した。

部内には、計算解析の部員もいたが、商品開発部からの受注業務ばかり。「参画意識など持てるわけがなく、不満が募っていきました」（人見）

三年目の二〇〇三年、社員意識調査があり、先行開発部は散々な結果となった。

「このまま、放ってはおけない」

外に目を向ければ、EUで厳しい環境規制が二〇一二年に予定されていた。自動車走行時のCO_2平均排出量を一キロメートルあたり一二〇グラム以下にしなければならない。当時のマツダの水準は一八〇～一九〇グラム程度。規制をクリアするには燃費を三〇％以上改善した新エンジンの開発が必要だった。

二〇〇四年初頭、人見は意を決し、沈滞する部内の空気を一新すべく、部員宛てに「決起のメッセージ」を発信する。「マツダのエンジンといえば〇〇であるといってもらえるような特徴をつくり出していこう」「それは先行開発部の人間が考えなければならない」。そして、「先行開発部が革新の先導役を果たす」と宣言すると、新エンジン開発に踏み出した。

❸「ヘッドピン」と「ロードマップ」を示す

人見は人数が少ないなりの「選択と集中」の方法を導き出す。多くの課題のうち、これを解決すれば、他の課題も連鎖的に解決されるような共通課題を見つけ出し、集中する。人見は開発において焦点を絞る主要課題のことをボウリングにたとえ、「ヘッドピン」と呼んだ。先頭のヘッドピンにあたれば、全体の課題が解決できるという意味合いを込めた。

では、燃費改善のヘッドピンとは何か。人見は日の当たらない虚しい開発の日々を送っていたころ、各メーカーが実施している燃費改善技術を横から見ながら、あることに気づいていた。実はどの技術も名前が違うだけで、整理すれば目指す目的は同じで、要はいかにエネルギー損失を減らすかにあった。

エネルギー損失は、排気ガスの熱になって捨てられる排気損失、エンジン熱がまわりに伝わって逃げる冷却損失などの四つの損失があり、それらをコントロールできる制御因子は、圧縮比、比熱比、壁面熱伝達、吸排気行程圧力差、燃焼期間など七つに集約できることを突き止めた。そして、「究極の理想像」を想定し、そこに近づくための制御因子を明確にし、進む道筋をロードマップで見える化して、部員たちに示した。人見が話す。

「効率改善技術が一〇〇も一〇〇〇もあれば先が見えず迷いますが、制御因子は七つしかないとわかれば、回り道をせず、壁が高くても逃げずに前へ進めることができる。ロードマップがあれば、自分たちがいまどこにいるかもわかる。三〇名でもやる気を持って開発ができると考えたのです」

アイデアをコンピュータで検証し、開発を効率化するため、計算解析チームにも主体的に参加させ、部全体で一緒に開発する態勢をつくって参画意識を高めた。その成果は翌年の意識調査で群を抜く改善となって表れた。

❹「振り切る発想」で常識を打破する

新エンジン開発は、特に「世界一の高圧縮比化」に焦点を絞った。圧縮比とは、燃焼室内で空気と燃料の混合気をピストンで押し上げて圧縮する度合いのことだ。高いほど大きな力を引き出せる。ただ、圧縮比を上げると混合気の温度が上昇し、ノッキングという異常燃焼が起こる。そのため、業界の常識では高圧縮比化は限界に達しているとされ、通常、圧縮比は「一一」前後に設定されていた。

人見は思い切った手に出る。圧縮比を一気に「一五」まで大きく振り切ってみることにしたのだ。実験を指示された担当者は躊躇した。しかし、試すと、危惧されたほどの障害は起きなかった。予想外の反応が起きて障害を回避したのだった。人見が話す。

「圧縮比を少しずつ上げていくと障害が次第に大きくなり、実験はあるところで止まってしまいます。でも、人より早く新しいことを発見しようと思ったら、極端に振り切ってみる。誰も行ったことのない領域に行ったら、何が起こるかを自分の目で見て、説明できる現象を発見できたらうれしい。技術者は絶対楽しくなるんです」

「振り切る発想」は、不遇の時代に自らの存在証明を求め、「世界一」の技術を目指したなかで身につけたものだった。ノッキングを防ぐため、排気管の形状と長さを工夫して、燃焼室内の混合気の温度を下げる方法も技術研究所時代に研究した。なにより、高圧縮比化自体、かつてのテーマだった。

「以前はただの思いつきで取り組んだ技術が、今回、燃費改善を目的に共通課題のおおもとをたどったら、すべてつながったのです。わたしにとっては過去の経験の総動員でした。あとは〝外圧〟を待つばかりでした」（人見）

❺マツダの「モノ造り革新」構想に採用される

同時期、経営陣も危機感を抱いていた。ＥＵ規制にどう対応するか。リソースに限りがあるマツダならではの戦略が策定された。

戦力の逐次投入を避け、全部品を同時に包括的に刷新し、今後一〇年間に開発する車種まで「一括企画」を行う異例の方針を決定。開発面では各車種の共通要素を抽出して理想型を追求し、変動要素で個性を出す「コモンアーキテクチャー」。生産面では共通要素を活かし、複数車種を同じラインで流す「フレキシブル生産」。創造性と効率性を両立させる「モノ造り革新構想を打ち立て、現場に「思い切った提案」を求めた。

人見は持論を提案する。二〇三五年には二倍に増える世界の自動車販売台数の増加分は主に新興国の需要であり、その時点でも九割のクルマはＨＶも含め、内燃機関で動く。内燃機関を磨くことこそが地球環境に貢献することである。七つの制御因子の理想型を目指し、まずは世界一の高圧縮比エンジンを実現する。

上層部はこれを承認。二〇〇六年、正式にプロジェクトが発足。同じＰＴ開発本部内の商品開発部から大量の人員が先行開発部へ移籍した。外圧と人見の信念が会社を動かしたのだ。

❻投入された若手技術者たちもともに頂点を目指した

当初は混合部隊の常で「複数の船頭」が並び立ち、「高圧縮比など失敗する」「ダウンサイジングをやるべきだ」と否定論もわき起こった。過給機を使い、性能を確保したまま排気量を小型化するダウンサイジングは世界的な潮流だったが、人見は過去に研究した経験から、「高コストになり、マツダには不向き」との確信があった。

一年後、新任の本部長が着任する。「人見の技術を信じ、心中する覚悟である」ことを部内に示し、あらゆる火の粉や雑音を振り払ってくれた。プロジェクトは人見をリーダーに据え、再スタートする。「そこまで自分を信じてくれる人を裏切るわけにはいかない」と奮い立った。

プロジェクトには、上からの指名で商品開発部から移籍してきた若手も多くいた。課題の難しさから、「なぜこんなしんどい道を進むのか」と質問してきた。

「初めのころは、世間がやっていることをやるほうが安心できる人が圧倒的に多かった。わたしはこう答えました。無難なことをやっていて生きていけると思うか。燃費がよくなり、価格も抑えられる。やるのは大変だけれど、顧客にとって、正しいことをやろう」（人見）

移籍組の若手技術者たちもやがて、同じロードマップをもとに前に進み始めていった。

「技術者たちも従来は、低い山に登っては、また別の山に登る、その繰り返しでした。一方、われわれは頂点を見定めた。そこに頂点があると思えば少々難しかろうが、やるしかないという気になる。そして、やったことの積み上げの上にまた次に登れる。ロードマップがあったから、われわれも進化できたのです」

二〇一一年六月、スカイアクティブの名を冠した新エンジンを初搭載した新型「デミオ」が発売された。一リッターあたり三〇キロメートル（一〇・一五モード）とHV並みの燃費を実現。翌二〇一二年二月、エンジンのほか、刷新した基幹部品をフル搭載した新型「CX−5」が発売されるや、一カ月で月間販売計画の八倍を受注し、秋には「日本カー・オブ・ザ・イヤー」に輝いた。

この間、リーマンショック、東日本大震災、超円高と逆風が続き、マツダは四期連続赤字を計上。二〇一三年三月期が赤字なら資金調達不可能の事態が予測された。CX－5のヒットが窮地を救い、黒字転換を叶えた。

二〇一五年五月発売の「ロードスター」に至るまで、全六車種の新世代商品群は、「魂動」をコンセプトとしたブランド共通デザインも相まって、好調な売れ行きを見せ、マツダの業績を押し上げていった。トヨタもマツダの低燃費技術に着目し、包括提携するに至った。

「すべてがギリギリ間に合った」と人見は感慨深げに話す。

世界の自動車メーカーが電動化へ向けて大きく舵を切っているなかで、マツダは内燃機関の進化にこだわり、その可能性を広げるための開発を続ける。二〇一九年五月、火花点火制御圧縮着火（SPCCI）という新たな燃焼システムを採用したスカイアクティブXエンジンが、新世代商品群第一弾の「MAZDA3」に搭載され国内発表された。

内燃機関のみを搭載する車両は今後減少していき、いわゆる電動車両が拡大していくと見られるが、電動車両の大半を占めるのはHVとPHV（プラグインハイブリッド）と予想されている。HVもPHVも内燃機関を使う。内燃機関の燃費をさらに向上しない限り、環境に貢献したことにはならない。

人見が描いた「究極の理想像」を目指し、マツダはこれからもロードマップを進んでいくのだろう。何をやるかという発想には会社の大小は関係ない。考え方で勝てれば競争に勝つこともできる。「小さな会社の賢い戦い方」が日本の自動車産業に投げかけたインパクトは大きい。

解釈編

「全体」と「部分」の両方に目を向けると「跳ぶ仮説」が生まれる

経営講義① 「森」から「木」を見て浮かぶ新たな意味が仮説の踏み台になる

イノベーションを起こすには、ものごとの本質を直観するなかで、発想をジャンプさせる非連続的な跳ぶ仮説が必要です。では、跳ぶ仮説はどのようにすれば発想できるのでしょうか。

スカイアクティブ・エンジンも、通常、圧縮比が「一一」前後に設定されるところ、「一五」まで振り切るという跳ぶ仮説により、HV並みの低燃費を実現するというイノベーションを実現しました。その開発過程で、特に注目すべきは「部分」と「全体」のスパイラルな展開です。

知の創造力に優れた人は「知る」という行為において、常に部分と全体を往還しています。

たとえば、医者は患者の体温・脈拍、痛みの箇所、検査データ、レントゲン写真などの部分を

部分と全体の相互作用により跳ぶ仮説が生まれる

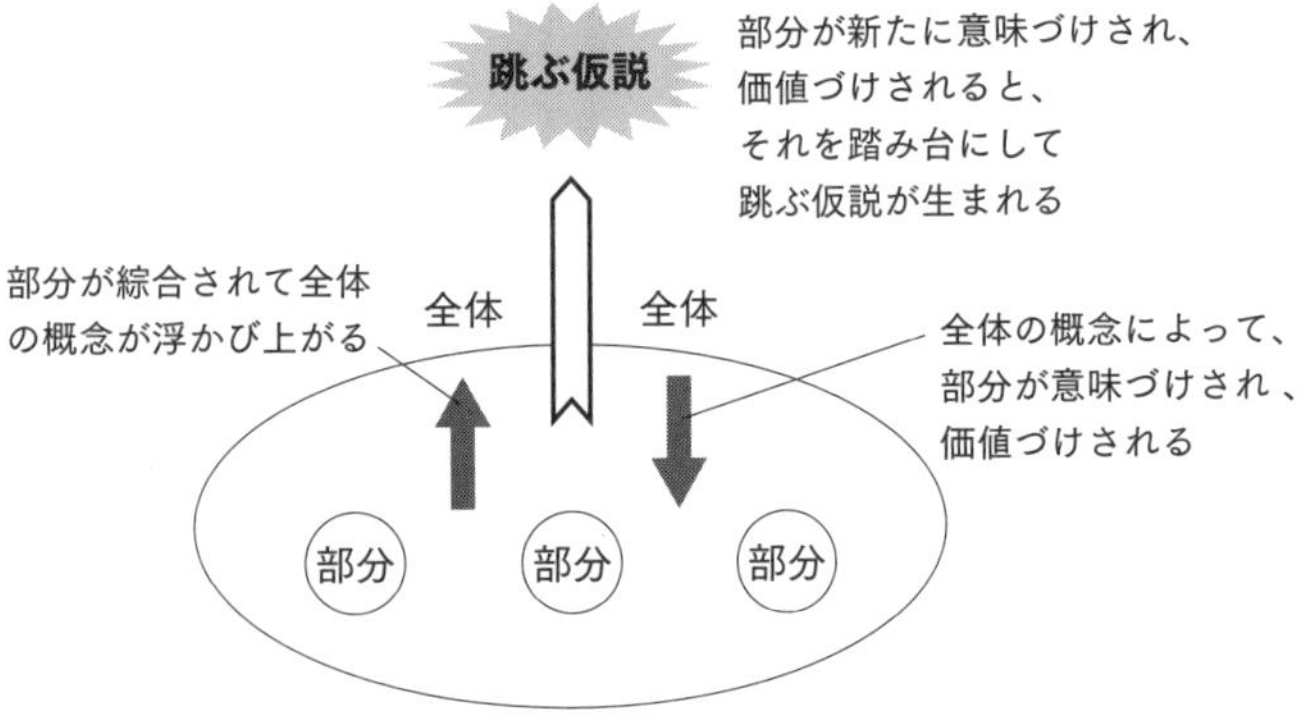
跳ぶ仮説
部分が新たに意味づけされ、
価値づけされると、
それを踏み台にして
跳ぶ仮説が生まれる
部分が綜合されて全体
の概念が浮かび上がる
全体
全体
全体の概念によって、
部分が意味づけされ、
価値づけされる
部分
部分
部分

見て綜合し、病状という全体を知るとともに、全体の病状により、それぞれの部分の症状を意味づけます。

われわれの生活も仕事も同じです。たとえば、ハワイの地を旅行すると、空港で首にかけられるハイビスカスのレイ、道路脇のパイナップル畑、フラダンスショーなど、多様な部分の情報が知覚され、それを綜合してハワイについて「南国の楽園（パラダイス）」という全体の概念が浮かび上がると同時に、それぞれの部分も全体の概念により意味づけされます。

次いで、真珠湾周辺を歩くと、米海兵隊の前進基地があり、真珠湾攻撃の慰霊施設であるアリゾナ記念館もあって、日米の戦争の歴史も埋め込まれている。そうした部分の情報を綜合すれば、ハワイのもう一つの特質である「太平洋の安全保障の拠点」というより大きな全体の概念になります。

部分が綜合されて全体の概念となり、その全体の概念のなかで部分を位置づけたとき、部分の見方が変わって、発想がジャンプすると、跳ぶ仮説が生まれます。木を見て森を見、森を見て木を見たとき、木に新たな意味づけや価値づけができれば、それを踏み台にして跳ぶ仮説を立てることができるのです。

人見氏は、先行開発において個別具体の課題で解を追求しました。「虚しい日々」でありながらも、部分としての知が蓄積されていきました。やがて二〇〇〇年代に入り、市場環境的にはEU環境規制、内部的には自分の率いる組織の沈滞という事態に直面します。

人見氏は、近未来でもガソリンエンジンを必要とする世界中の人々への共感、そして、参画意識が持てず沈滞する部のメンバーへの共感から、「自分は何のために存在するのか」「何がよいことなのか」と自らの生き方や存在意義を問い直します。

こうして強い問題意識を持ったことで、蓄積された部分の知がすべてつながり、「内燃機関を磨いて究極の理想像を目指す」という全体の概念が導かれました。その全体の概念により、エネルギー損失要因を制御する因子という部分の知も意味づけされていきます。

焦点を絞った圧縮比も、部分だけを見ていたら、ノッキングを防ぐため、常識的な数値を超えることはできなかったでしょう。それに対し、HVでも、EVでもなく、「内燃機関を磨いて究極の理想像を目指す」という全体の概念により、カギを握る要因として新たに意味づけされ、「世界一の高圧縮比」に向けて「振り切る」という跳ぶ仮説が生まれ、前人未踏の領域に踏み込めたことでイノベーションが実現したのです。

ノートe-POWERの開発においても、部分の知を蓄積していた技術者たちが、モーター駆動の本質を直観し、「EV開発で先行した日産だからこそ知るモーターで走るクルマの楽しさを実現する」という全体の概念を導き出しました。

回生ブレーキも、部分だけを見ていたら、クルマの運動エネルギーを電気エネルギーに変換する機能に意識が向いたでしょう。それに対し、「EV開発で先行した日産だからこそ知るモーターで走るクルマの楽しさを実現する」という全体の概念により、楽しさを生む要素として新たに意味づけされ、「ワンペダルドライブ」という跳ぶ仮説が生まれ、大ヒットへと結びついていきました。

グッジョバ!!の事例においても、モノづくりも、アミューズメントも、どちらも人間の知恵が詰まっていて面白さの本質は同じであると直観し、「人は人間の知恵が詰まったものに面白さを感じる」という全体が浮かび上がったことから、遊園地が「知恵を学ぶ場」として意味づけられ、価値づけられて、「遊びと学びの合体」という跳ぶ仮説が生まれました。

われわれは仕事をしながら、日々、部分の情報を知覚しています。その部分だけに目を向けている限り、新しい知は創造できません。その部分、部分は何を意味しているのか。類似性から同一性を見いだし、本質を直観し、全体の概念を導き、そこからまた部分をとらえ直す。部分と全体の往還運動を自身のクリエイティブなルーティンとして習慣づける。それがイノベーションを生むもっとも基本的な知の作法です。

経営講義② 挑戦的な目標設定が全員の共感を引き出す

スカイアクティブ・エンジンの開発で興味深いのは、リーダーである人見氏とメンバーとの関係性です。人見氏が新エンジンの開発に踏み切ったのは、第一に、近未来の人々への共感を背景にした環境規制への対応という理由がありました。それとともに、下請け的な業務ばかりで参加意識が希薄で不満が募っていた部員たちを「放っておけない」と感情移入したことも大きな動機となっていました。

そして、部員たちから意欲を引き出すため、「究極の理想像」を描き、そこに至る道筋をロードマップにして示しました。また、正式にプロジェクトとして発足後、商品開発部から移ってきた若手が課題の難しさから弱音を吐くと、「やるのは大変だけれど、顧客にとって、正しいことをやろう」と、同じロードマップを進む同志として引き込んでいきました。

ここに、新しい知を創造する組織へとチームを変えていくために、リーダーに求められる条件がよく表れています。第一に、メンバーの誰もが「面白い」と共振・共感・共鳴できる目標を設定し、それを共有することでチームに「場」を生み出せるかどうかです。

新エンジンの開発において、「マツダのエンジンといえば○○であるといってもらえるような特徴をつくり出していく」と宣言し、「世界一の高圧縮比」という目標を掲げました。前人未踏であり、誰もが初めて経験することです。ハイリスクであってもチャレンジングな目標をあえて掲げたことが、逆に目標の共有を容易にし、共感で結ばれた目標達成の「場」がつくり出された点は注目すべきです。

第二のポイントは、物語りを生成する能力です。「究極の理想像」を想定し、そこに至る道筋をロードマップで示すことで、各部員は自分の仕事が全体像のなかで、どのような意味と価値を持つかを自覚できるようになった。さらに、ロードマップを見れば、直接自分の担当でない仕事についても共有できるようにした。

つまり、未来に向け、一人ひとりの取り組みが有機的につながっていくと、「究極の理想像」に到達できるように筋道を立てた。リーダーとしての物語りの構想力が見事です。

これらの目標設定やロードマップによる道筋の見える化は、「虚しい日々」を送った自分と不満を募らせる部員を重ねながら、どうすれば部員たちと「我—汝」関係を結べるかを考え抜くなかで着想していったものでしょう。

初代はやぶさのプロジェクトにおいても、リーダーは「イオンエンジンという新しい技術での惑星間航行」「宇宙の彼方での自律誘導航法」「微小重力下でのサンプル採取」などの実現すれば世界初となる五つの目標を掲げました。

この五つの目標をつなげていくと、はやぶさが三億キロ彼方の小惑星まで航行し、サンプルを採取し、地球に帰還するという物語りとしての全体像が浮かび上がります。これにより、各メンバーが全体像のなかでの自分の目標の意味と価値を認識できるようにしました。そして、五つのどれか一つでも達成できないと全体像も実現できなくなるように目標を設定することで、各メンバーが自分の直接の担当でない目標についても意識し、共有できるようにしたのです。

著者らが取材した航空会社スカイマークの経営再建の事例もあります。二〇一五年に経営破綻により民事再生法の適用が申請された際、再建に名乗りを上げた投資ファンド、インテグラルの代表取締役だった佐山展生氏が自ら会長職に就いて経営を主導しました。

インテグラルは、「投資先の社員と一緒になって『いい会社』をつくり、企業価値を高めることで投資家にリターンを提供する」（佐山氏）という日本型のファンドです。

全国の支店を回り、「人間はこんなに不安な目をするのか」と驚くほど不安な表情を浮かべる社員たちを見た佐山氏が再建に向け、トップとして行ったことは実にシンプルなものでした。

社員との間に溝があると「いい会社」にはなれないと考えた佐山氏は、毎週、全社員に向けて、自分がトップとしてどんな仕事をし、何を考えているか、写真入りのメッセージをメールで送り続けました。支店回りのときは出会った社員の名前も必ず載せ、社員との飲み会に参加すればその写真も載せました。やがて社員から飲み会の誘いが週に何件も入るようになります。飲み会では「本音の不満」が出る。それを拾い上げ、毎週開催の経営戦略会議で改善策を即決しました。

　このメッセージで佐山氏が毎回繰り返し掲げたのが、経営破綻前は定時運航率で下位の常連だったスカイマークが「定時運航率日本一を目指す」という目標でした。「売上高や利益の目標は社員には実感できない。大切なのは、一生懸命やれば数字に表れるようなわかりやすい目標を示すことで、定時運航率を高めれば顧客の搭乗率も高まり、売上高や利益に結びつく。この目標はしつこいほど繰り返しいい続けました」と佐山氏は語ります。

　すると、前経営者のころはすべてがトップダウンで決められたのが、新体制下では社員主体の「定時性向上委員会」が設置され、自分たちで改善策を考えるボトムアップへと転換していきました。そして、ついに二〇一七年度、二〇一八年度と連続して、国内航空会社全一二社中、定時運航率一位の座を獲得します。そして、両年度ともに、年間搭乗者数は過去最高を記録するのです。

　自分たちのプロジェクトについて物語りを描き、みんなが共振・共感・共鳴するような目標を設定して、物語りを共有し、場をつくり出す。リーダーにとって、部下と共感する能力は不可欠であることをこれらの事例は示しています。

第3章
「知的機動戦」を勝ち抜く共感経営

ケース6

NTTドコモ アグリガール

たった二人から始まった非公式な組織が国も巻き込むプロジェクトへ

【イントロダクション】

変化の激しい市場でビジネスや事業を展開するには、本社の企画部門が市場や競合相手を分析し、施策をトップダウンで現場に下ろし、物量を投下して力で戦うという戦い方だけでは市場の変化や変動に対応できません。

現場の第一線で、価値の源泉となる知識を高速回転で創造し、状況の変化に応じて、柔軟に構想し、迅速に判断し、俊敏に行動して戦う知的機動戦力が重要になってきます。

知的機動戦は知恵の戦いであり、知力が求められますが、多くの場合、現場で人間関係のなかでの戦いになるため、人と人の間の共感が大きな意味を持ちます。

NTTドコモのアグリガールは、農業ICT（情報通信技術）化の営業部隊として、農家や畜産農家、水産業者などと現場で向かい合います。その際、相手との受け答えで、「すごいです」「素敵です」「好きです」を「〝す〟の三段活用」と呼んで、ポジティブな言葉で自分の気持ちを素直に伝えるなど、相手への共感力が営業の大きな推進力となっています。

この事例では、ICT化という技術力の高さが問われるビジネスにおいても、共感にもとづく人間力が問われることを示します。

農業での女性の希少性を前面に押し出した共感営業が連携の輪を広げた

❶後発だけに先行企業とは同じ土俵に乗らない

ＮＴＴドコモ（以下、ドコモ）に「アグリガール」を名乗る女性社員が北海道から沖縄まで、各拠点に合わせて一〇〇名以上いる。ドコモの農業ＩＣＴ化事業の最前線を担う営業部隊だが、公式な組織ではなく、リーダーもいない。農家と接点のある仕事に携わっていれば、誰でも自己申告で参加できる非公式なネットワーク組織だ。

産声をあげたのは二〇一四年秋。物語りはその一年前、東京本社の第一法人営業部に一人の女性社員、入社二〇年の大山りか（現在、日本電信電話に在籍）が異動してきたことから始まる。大山は営業部長で執行役員の古川浩司（現・ドコモ・サポート社長）から、「ドコモで手つかずのところは農業だ。ＪＡ（農業協同組合）を攻めろ」と命じられた。

大山はまず、一年かけて回線契約の面からアプローチし、巨大組織ＪＡとのパイプをつくり上げた。一方、その間、大手ＩＴ企業各社との連携や協業を求めて回ったが、そちらは成果が得られなかった。大山が話す。

「大手は既に農業ICT化事業に大規模投資を行っていました。ドコモは後発で担当はわたし一人です。相手にされませんでした。同じ土俵に乗って、独自にソリューションを開発しても勝負にならない。ドコモの強みを活かそうと、スマートフォンなどで使える農業に必要なコンテンツを探し始めたのです」

❷「アグリガール」を名乗り、名刺にも明記する

そんなとき、リモートという大分県のベンチャー企業が開発した、牛の分娩事故を防ぐ「モバイル牛温恵」というシステムが見つかった。センサーで母体の体温を監視し、分娩の兆候があらわれたらメールで通知する。畜産農家では適切なタイミングで出産の介助ができないことにより、子牛が亡くなる事故が一定頻度で発生していた。大山にこの牛温恵の販売が託されたのと同時期に、七期下の浜森香織が異動してきた。

コンビを組んで営業を開始したところ、予想外の反応を経験することになる。畜産業界の商談の場はどこも男性ばかり。女性の営業は珍しがられ、幹部クラスも出てきて、話に関心を持ってもらえた。

農業関連の世界では、女性ならではの明るさとその希少性が営業活動を後押しする。ならば、それを前面に押し出そう。二人は自らを「アグリガール」と名乗ることを発案。古川の了

解を得て、名刺にも明記し、「001」「002」と会員番号もつけた。

二人は牛温恵をドコモの全国網で販売するため、営業拠点を回りながら、現地でコミュニケーション能力に優れた女性社員を見つけてはアグリガールにスカウトした。地方出張に出る他の営業担当にもスカウトを依頼。アグリガールの存在が全社的に広まるにつれ、自分から手をあげる女性が次々とあらわれるようになった。

牛温恵の顧客を訪ねるときは、つなぎの作業着に着替え、長靴を履く。それは新鮮な体験だった。浜森が話す。

「畜産農家から『牛温恵があると牛のそばにずっといなくてもすむので、子どもに、明日の運動会、見に行けるよと約束できるようになった』と心から感謝される。こんなに喜んでもらえる商品を取り扱えてよかったという声がアグリガールたちから聞かれるようになっていきました」

アグリガールには、初めは「楽しく仕事をしよう」という感覚もあったが、各地で活躍の事例が多く出てくるにつれ、「アグリガールとは何か」という存在意義が問われるようになった。大山がいう。

「モバイル牛温恵の販売は仕事であり、評価の対象になります。同時に分娩事故の防止という、社会課題の解決にも携わっている。会社の肩書きだけでなく、アグリガールを名乗ったことで、一つのミッションが与えられた。そういう存在ではないかと思うようになったのです」

❸役員からメンターとしての支援を得る

二人は、次のコンテンツを探し求め、東大発のベンチャー企業、ベジタリアと出合う。ベジタリアは、水田の水位や水温などをセンサーで測定し、現地に足を運ばなくても、スマートフォンなどを使って遠隔地からも確認できるようにし、農作業の効率化を図る「パディウォッチ」など、農業ICT化のアプリケーションを開発していた。

そのグループ会社で新潟生まれのベンチャー企業が、新潟市から相談を受けた。新潟市では、廃業した高齢の農家の水田を他の農業生産法人が引き継ぐ例が増えていたが、水田が分散し、管理の効率化が課題となっていた。

事情を知った二人は現地へ急行する。二〇一五年五月、新潟市、ベジタリアグループ、ドコモが連携する実証プロジェクトを発足させた。農業生産法人の協力を得て、三〇〇の水田にパディウォッチなどを導入、業務の効率化を検証する。刮目するのは、市の担当者との対面から、わずか二カ月で連携発表へとこぎ着けた、そのスピード感だ。ここにアグリガールならではの一つの特質がある。

「それは役員との関係で、自主的な活動の面があるアグリガールが手がけているとなれば、メンター（助言者、指導者）として応援してもらえる。階層を飛び越えて相談できるので、一気に案件を進めることができるのです」（大山）

「実証プロジェクトも、新潟市が農業の国家戦略特区なのでPRになる、と役員に話し、即

OKをもらいました。移動中の電車内で、ほんの数分のことでした」

この実証プロジェクトはその後、農林水産省も巻き込み、全国四三県が参画する大プロジェクトへと発展する。

一方、地方発の取り組みも次々生まれた。たとえば、九州ではアグリガールが地元の海苔の漁業協同組合と、水温や塩分濃度を測定するＩＣＴブイを使った実証プロジェクトを立ち上げた。事業領域は、稲作、畑作、水産、養豚、さらには農業の枠を超え、ＩＣＴを使った地方創生関連へと拡大。アグリガールも三年間で約一〇〇名へと増大し、自治体、ＪＡ、ベンチャー企業などを巻き込み、結びつけては各地で成果を上げていった。

メンバーは入社一〇年目以上が半数を占めるが、一～三年目も二割近くいる。新入社員で参加する例も多い。その一人、ドコモＣＳ新潟支店法人営業部（ドコモＣＳは地域での業務を一元的に担う子会社）のアグリガール０３５、松本英里子に会いに新潟へと向かった。

❹新人アグリガールを先輩アグリガールが支援する

松本が運転するクルマに同乗し、日本酒の人気ブランド「越乃寒梅」の蔵元、石本酒造を目指す。松本の新潟での取り組みは、社長の石本龍則とのふとした出会いから始まった。

入社初年の二〇一五年、研修のため、新潟支店に仮配属された松本は「新潟のためになることがしたい」と、地元企業を飛び込みで回っていた。石本酒造を初めて訪ねたのは一一月。担当者が不在で、あとで再訪することにして、隣の駐車場にいた男性たちに「近くに昼食をとれる店はないか」と尋ねた。そのなかの一人が石本で一緒に食事をすることになった。「ドコモの技術で役に立ちたい」「困りごとはありませんか」。熱心に話す松本に石本は好感を抱き、耳を傾けた。

石本酒造では、酒米を他県から調達するのではなく、地元での栽培に挑戦しようとしていた。翌一二月に本配属になり、アグリガールとなった松本は水田センサー「パディウォッチ」の利用を提案。酒米栽培での利用は県内では前例がないため、本社に機材を貸し出してもらい、実験を開始することにした。

酒米は、表層を削る精米の際にひびが入る胴割れが起きると廃棄になる。胴割れしない良質な米を育てるには、水田センサーのどのデータを、どう活用すればいいのか。松本はゼロから学びながら、農家、石本酒造、地元ＪＡ、県の担当部署、県立醸造試験場を回っては、何が課題で、どんな情報が必要なのかを聞き出し、実験のサイクルを回していった。

農業は未知の世界。くじけそうになったこともあった。松本と連絡を取り合っていた大山と浜森はそれを察知すると、支援のため、東北で水田センサーの活用で先行していたドコモ東北支社のアグリガール００５の金田直子を紹介した。金田は理学部出身でテクノロジーやシステムに詳しかった。

松本は金田の助言も得ながら、稲の刈り取り時期を台風が到来する前に的確に割り出すなど、実験は二〇一六年、二〇一七年と着実に成果を上げていった。水田センサーの活用は、全県規模で行われる他の品種の酒米の栽培プロジェクトへも広がった。松本が話す。

「水田センサーは業務効率化の効果を前面に打ち出しています。でも、わたしはもう一歩踏み込んで、どうすれば酒米の品質向上に役立てるかを示したかった。それが、本当に新潟のためになる付加価値だと思ったからです」

松本について、親子ほども年の違う石本はこう語る。

「何かを生み出したいという情熱を秘めた松本さんがいたから、実験を続けられた。出会ったときから、一緒に取り組みたいと思わせる熱意を感じさせる人でした」

取材に訪れたのは三月下旬。入社三年の松本は四月からドコモ九州支社への転勤が決まっており、その日は石本酒造への最後の訪問日でもあった。

「あとは後輩のアグリガールが引き継いでくれます」

別れ際、社員一人ひとりとハグする姿が印象に残った。

❺国家プロジェクトIoTデザインガールが発足する

松本と金田のように、アグリガールは日常的にメールやSNSなどで情報を共有し、組織の違いを超えて連携し合う。「アグリガールそのものが、グループ内で垂直水平の両方向でメンター制度になっている」（大山）という。

松本と石本のように、顧客との間では仕事の利害を超えた共創の関係も生まれる。アグリガールでは「夢を共有する」という意味で「ラブリーな関係」と表現する。

「アグリガールというネーミング自体が親近感のあるイメージで、名刺に『アグリガール002』とあるだけで、お客様に関心を持っていただき、一気に距離感が縮まる。会話でも、ポジティブな言葉で自分の気持ちを素直に伝える『すごいです』『素敵です』『好きです』を〝す〟の三段活用と呼んだりしました。すると、コミュニケーションも円滑になって仕事もどんどん進む。スピード感はそこからも生まれるのです」(浜森)

また、大手IT企業との違いを大山はこう表現する。

「IT企業の方々は、システムをお客様に説明する際、難しくなりがちです。一方、アグリガールは、『メールが来ますよ』『田んぼに置くだけですよ』と簡単に伝える。いわば技術と現場をつなぐ〝通訳〟です。農業のICT化やIoT(モノのインターネット)化に関心のない人たちにも理解を広めるには、そんな通訳が必要なのです」

技術と現場をつなぐ「通訳」。その位置づけが、二〇一七年、アグリガールにさらなる進化をもたらした。総務省が地域でのIoT化を推進する自治体や企業を支援する「地域IoT官民ネット」の設立総会で、アグリガールの事例発表を求められた大山と浜森は、総務省に一つの提案をした。日本全体でIoTの普及促進に取り組む女性を育成する「IoTデザインガール」のプロジェクトを立ち上げる。これが承認されたのだ。

設立総会には、約四〇の企業・団体からIoTデザインガールの一期生が集合。以降、六五名が六チームに分かれ、ワークショップを重ねて、IoTの企画提案を練り上げていった。二〇一八年は二期生、二〇一九年には三期生と活動が続いている。

最初は二人だけだったアグリガールの活動が、国を巻き込むプロジェクトへ。そこへ、新たなメンバーが次々集まってくる。その意味合いを大山はこう話す。

「完全に男女平等になったら、アグリガールもIoTデザインガールもなくなるでしょう。でも、いまは〝ガール〟というくくりが使えるので、上手に使って、社会課題を一つでも多く解決していきたい。それが仕事の成果に結びつくと同時に、仕事をしながら生きがいを見つけることができれば、一つの働き方改革のあり方にもなるように思っています」

男女の特性の違いを受け入れつつ、一人ひとりが自分の能力を活かす。これも一つのダイバーシティの形といえるのだろう。

※「NTTドコモ　アグリガール」の【解釈編】は次の事例のあとでまとめて述べます。

ケース 7

日本環境設計
服から服をつくる

消費者参加で「ゴミ」を地上資源に
石油＝地下資源を使わない社会を目指す

【イントロダクション】

アグリガールは、営業部隊の顧客に対する共感やパートナー企業との共感が知的機動戦の大きな推進力となった事例です。これに対し、事業主体に対する消費者、企業、行政・自治体などからの共感が知的機動戦を下支えしているのが日本環境設計の事例です。

不要になったポリエステルの衣料品を〝原料〟にしてポリエステルを再生す

る。「服から服をつくる」プロジェクトは、世界中の共感を呼び、事業は拡大していきます。

単なるリサイクルビジネスと異なるのは、独自技術を開発したうえで、回収の仕組みを広げながら、消費者を巻き込む仕かけに注力したことです。使い手であるとともに、回収の担い手でもある消費者が多く参画することで、再生のループができる。注目すべきは、プロジェクトへの共感がループを回す原動力になっていることです。

もう一つ、単なるリサイクルビジネスと異なるのは、回収物を原料として商品をつくるというマーチャンダイジング力を持つことで、再生のループを見える化し、キーとなる消費者からの共感をより強いものにしていることです。

これからの時代の企業リソースは知識が大きな意味を持ちますが、自らの取り組みに「地球環境防衛軍」という共感的な名称をつけるなど、もう一つ、共感が資源となることをこの事例は示します。

映画『バック・トゥ・ザ・フューチャー』が描く未来を実現する

❶「石油を一滴も使わない社会」を目指す

そのデビューは華々しかった。

映画『バック・トゥ・ザ・フューチャー』(一九八五年公開)のラストシーン。一九五五年の過去から現在に戻った主人公のマーティの前に、未来からタイムマシンのデロリアンに乗ってドクが再び現れる。そのデロリアンがゴミを燃料にして動くよう未来で改良されているのを見て、観客は「そんなことが可能なのか」と目を見張った。

パート2では、三〇年後の二〇一五年一〇月二一日にタイムトラベルする。現実世界での二〇一五年、その日が近づくと、映画で描かれた未来がどれほど実現されたか、何かと話題になった。一〇月二一日当日、東京・お台場には、ゴミになるはずの古着からつくられたバイオ燃料を使って、多くの観衆の前で動くデロリアンの姿があり、その光景は世界中に配信された。

デロリアンを登場させたのは、一人の男の情熱だ。ベンチャー企業、日本環境設計社長

（現・会長）の岩元美智彦は、大学時代に『バック・トゥ・ザ・フューチャー』のラストシーンを見て、衝撃を受けた。それから二二年、不要となった衣類やプラスチック製品をリサイクルし、「地下資源に代わる地上資源にすること」を夢見て起業。この日走ったデロリアンは、米ユニバーサル・スタジオ本社に直接電話をかけて協力を求め、借りたものだ。その口説き方がいかにも岩元らしい。

「先方に話したのは、デロリアンが未来に行った一〇月二一日を、〝捨てない社会〟を未来に約束する資源循環デーにしたいということでした。世界で起きる戦争や紛争の多くは、地下資源をめぐる争いです。ぼくらが理想とする循環型社会は、従来捨てられていた有機物のゴミをリサイクルしてポリエステル繊維やプラスチックや燃料に再生し、地上資源だけを使う〝石油を一滴も使わない社会〟です。それは〝戦争のない社会〟になるはずで、力を貸してほしい。無名の小さな日本企業の突然の申し出にもかかわらず、理解と賛同を示してくれました」

国内で不要になった繊維製品は毎年一七〇トンが廃棄され、八割が焼却もしくは埋め立てられていた。繊維商社で回収したペットボトルから再生繊維をつくる仕事にかかわっていた岩元は、たまたま出会った東京大学大学院生の高尾正樹（現・社長）と意気投合し、Tシャツを使った実験で木綿繊維を酵素で糖に分解し、バイオエタノールをつくる技術の開発に成功する。

「あとでわかったことですが、もし、綿花からとった綿を使っていたら、細胞膜があって失敗していた。Tシャツは染色用の処理がされていたため酵素がうまく作用した。お金も知識もな

くTシャツを使ったことが幸いしたのです。神様のいたずらでした」（岩元）

❷良品計画の賛同を得る

二〇〇七年に高尾と一緒に起業。愛媛県今治市のタオル加工業者の協力を得てプラントづくりも進めた。続いて、ポリエステル繊維を分解して樹脂にし、もう一度ポリエステルの糸をつくり出す技術も開発した。ポリエステルは衣料用化学繊維の大半を占め、循環リサイクルが実現すれば、石油を新たに使わず、服から服をつくることができる。

技術を手に入れた岩元は、消費者参加型の回収の仕組みづくりに着手した。

「ぼくらの目的は世の中を変えることです。消費者が動けば、社会が変わる。重要なのは仕組みで、消費者を巻き込むには、全国各地の店頭に回収箱を置き、生活動線のなかに回収を組み込む必要がありました」（岩元）

しかし、企業や官庁を回っても、容易に理解は得られなかった。そんなとき、良品計画の金井政明社長（現・会長）と出会う。「ものを売るだけの時代は終わった。使い終えたものを集めるところまでやって初めて支持される」と賛同。無印良品の商品開発を手がけてきた金井は「現代におけるブランドの意味がわかっていた」と岩元はいう。

金井の紹介で、経済産業省の外郭団体が管轄する調査事業に応募。二回にわたり行われた実験では良品計画のほか、イオンリテール、丸井、ワールドなどの店舗に回収箱を設置。延べ約三〇〇〇人が回収に参加し、約一万七〇〇〇〇枚の衣類が回収された。実験では期間中、集客と売り上げのいずれにもプラスの効果があり、回収参加が来店動機になり、購買意欲を喚起することが検証された。岩元が話す。

「消費者も着ていた服を捨てるのは罪悪感があり、リサイクルを欲していると実感しました」

❸協力企業の「サムライ」たちと出会う

二〇一〇年、事業化を開始する。「FUKU-FUKUプロジェクト」の名称には「あなたの服を地球の福へ」の意味を込めた。続いて、店頭でプラスチック製品を回収し、リサイクル技術を検証する「PLA-PLUSプロジェクト」もスタートする。一般的なプラスチック製品についてはリサイクル技術はあっても、回収する仕組みがなかった。

リサイクルに使える技術を持つ企業にも広く協力を求めた。岩元はリサイクルに活用でき、先方にもメリットがあるような技術を持つ企業を探し、協力を求めて回った。

「どの組織にも共感して協力してくれるサムライがいます。飛び込みで一人に断られても何人、何十人と会う。確率の問題でサムライに会えるまで続けました」（岩元）

二〇一六年二〜三月の一カ月間、環境省と連携して行った実験には、回収拠点としてセブン&アイグループ、イオンリテールの二大流通企業を筆頭に家電量販店、ホームセンター、コーヒーショップやファストフードのチェーンなど四二企業・団体が参加。技術面でも新日鐵や三菱マテリアルなど日本を代表するメーカーや東大発ベンチャーなどと提携。協力企業は一五〇社におよび、回収参加者も延べ五〇〇万人に達した。

❹消費者参加を促進する仕組みとしてのエンタメ

注目すべきは、回収に消費者を巻き込み、人を集めるための「エンターテインメント」に注力したことだ。

デロリアンを走らせたのはその典型だ。以降も、ショッピングモールなどでデロリアンを持ち込んだイベントを開催した。参加者は不要になった衣類やプラスチックのおもちゃ、文具などを持参するのが条件で、デロリアンとの記念撮影やスタンプラリーなど、子連れで楽しめる企画を用意する。そこには二つの理由があるという。

「人間は理解と行動は別です。『地球が危ない』と説けば、頭では理解できますが、多くの人に行動してもらうには別の次元が必要で、それがエンタメです。楽しいから人は動き、集まる。『みんなでデロリアンを動かそう』と呼びかけたら、それまで一年かかった回収量が一カ月で集まりました。もう一つ、イベントなら企業のなかでも予算の多い販促部門と一緒に取り組めます。先方も集客につながり、われわれも事業として成り立ちます」

消費者が参加し、モノづくりの「動脈」と「静脈」がつながることで、一つの循環のループが浮かび上がる。起点は消費者だ。次は回収拠点となる流通業の店頭。回収された服やプラスチック製品が企業の技術で再生素材になり、それを使ってさまざまなメーカーが商品をつくり、消費者が買い、不要になったら回収に回す。

「一回転すれば、原料に石油を使わない製品が生まれ、回転していくにつれて参加者や協力企業が増え、量が拡大すれば、価格的にも石油由来と負けなくなる。価格が同じなら、石油を一滴も使っていないことが付加価値となり、ブランド化します」

産官学、そして消費者を巻き込んだ一大プロジェクトを岩元は「地球環境防衛軍」と表現する。現在、六〇社を超える企業と連携しながら、この循環ループを回し、リサイクルしていく事業に「BRING」というブランド名をつけて、幅広い活動を続けている。BRINGブランドの衣料品も販売。ファッションの本場フランスへの進出も進めている。

岩元が構想した、使用済みの携帯電話やスマホから貴金属を取り出し、二〇二〇年の東京オリンピック・パラリンピックの金銀銅メダルをつくるプロジェクトは実現するに至った。回収した一〇万着の綿の衣料品からバイオジェット燃料を生産し、そのバイオジェット燃料を使って、二〇二〇年に日本航空のジェット機を飛ばすプロジェクトも進行中だ。

回収の仕組みをつくり、エンターテインメントも取り込んで消費者参加を加速させ、収益を確実に得ながらループをスパイラルに拡大し、プロジェクトをブランド化していく。

そのループとブランド化の原動力になっているのは、人と人との共感だ。消費者参加型で社会を変えようと目指す取り組みは、共感の時代の新たな事業モデルを示している。

物量で戦う「消耗戦」か、共感力と知力で戦う「機動戦」か

経営講義① 変化が速く不確実性の高い時代を「知的機動戦」で戦う

軍事の戦い方には、消耗戦と機動戦があります。

消耗戦とは、戦力を最大限に活かして敵の戦力の重心を集中的に攻撃し、敵を物理的な壊滅状態に追い込みます。敵の戦力を分析し、明確な計画を立て、物量で圧倒して勝つ。消耗戦を遂行するには、トップダウンの中央集権的な階層型組織が適しています。

ビジネスの世界で消耗戦というと、「消耗」という言葉のイメージからか、「○○業界は値下げ競争という消耗戦に突入した」といった赤字覚悟の販売競争や、骨折り損のくたびれもうけの争いなどのたとえとして使われますが、本来は、本隊同士が真正面からぶつかり合う正規戦を意味します。

ビジネスでの正規戦といえば、市場と競合を分析し、自社にとっての最適なポジショニングを探るといった、ビジネススクールでＭＢＡを取得した戦略スタッフが立案するような論理分析的な競争戦略が浮かびます。

一方、機動戦は、迅速な意思決定と的確な兵力の移動・集中により、敵の弱点を突いて、物理的・心理的に優位に立ち、主導権を握る戦い方です。消耗戦が物量で戦うのに対し、機動戦は知恵で戦い、状況に応じてあらゆる手段が駆使されます。

孫子の兵法が説くのは、この機動戦です。孫子は「戦わずして人の兵を屈するは、善の善なる者なり」と説き、最小限のコストで最大限の勝利を得る賢い戦いを理想としました。孫子の兵法のなかに出てくる一点突破全面展開の一点突破も機動戦です。

機動戦を遂行するには、絶えず変化する流動的な状況に対応するため、現場での判断と実践が優先され、第一線に立つ一人ひとりが自分で考え、行動する自律分散的なネットワーク型組織が必要になります。

ビジネスの世界でも、変化の激しい流動的な市場で事業を展開するには、価値の源泉となる知識を高速回転で創造し、柔軟な構想力、的確な判断力、俊敏な行動力を駆使する知的機動戦が求められるようになっています。

とりわけ、戦力が限られている場合、この知的機動戦が重要になり、そのための知的機動力が求められるようになってきます。知的機動力とは、企業の存在意義やトップが描くビジョンの実現に向け、現場の人材が自律分散的にリーダーシップを発揮し、知識創造のサイクルを高速で回しながら、そのときどきの文脈に応じて最適最善の判断をし、実践していく力です。

NTTドコモのアグリガールの事例にあてはめてみましょう。

農業ICT化で大手IT企業は大規模投資で消耗戦を展開したのに対し、後発で弱小部隊のドコモは知的機動戦で戦うことを余儀なくされました。興味深いのは、アグリガールという女性社員の非公式ネットワークが知的機動戦の第一線を担ったことです。さらに注目すべきは、その際、他者への共感が知的機動力の原動力になったことです。

新潟の松本氏は、石本酒造の石本氏との初対面のときから、相手の懐に飛び込み、思いを共有する伴走者となりました。それは、孫子が最善とする「戦わずして勝つ」の究極のあり方を思わせます。

そして、顧客に共感しながら、石本酒造での農業ICT化の本質は、単なる農作業効率化ではなく、酒造りの原料を他県に依存せず自己完結させる自立支援にあると感じ取った松本氏は、「酒米の品質向上に役立てる」という自分なりの跳ぶ仮説を打ち立てました。

また、大山氏と浜森氏は、新潟でわずか二カ月の速さで自治体、ベンチャー企業を巻き込み、農作業効率化の実証プロジェクトを立ち上げました。知的機動戦で国家戦略特区への注目を集め、それを突破口に、各地のアグリガールをはじめ、営業部隊を動員して全国展開する。

機動戦で一点突破した後、消耗戦に転じ、最後は勝つという一点突破全面展開の戦略的シナリオです。

アグリガールに学ぶべきは知的機動戦の戦い方です。

知的機動戦を展開するとき、強さや優位性を左右するものは何でしょうか。機動戦では、個人レベルと組織レベルの両方で、直観的な状況把握、的確な情勢判断、迅速な意思決定、俊敏な行動が不可欠です。そのため、強さや優位性は、「テンポ（質量×速さ）」と「威力（質量×加速）」、そして、「精神的な要素」の三つの要素のかけ算で決まります。

まずは、「速さ」です。企業社会ではとかく、組織の階層が重視されますが、階層にもとづく指示命令で動いている限り、機動戦は戦えません。その点、アグリガールは役員と共感で結ばれたメンターの関係を介して階層を飛び越え、迅速な意思決定を可能にしています。同じく共感で結ばれたアグリガールのネットワークをめぐらせ、横の連携による支援も得られるので、垂直水平両方向で知識創造の迅速な機動力を発揮することができます。

次に「加速」です。顧客や連携相手と向き合う際、分析的にとらえようとすると傍観者的な立場に陥りがちですが、アグリガールは相手への共感から入るため、知の共有が加速されます。他者に対するさまざまな影響力のなかで、共感力はもっとも大きな力を発揮するからです。新潟のプロジェクトの立ち上がりの速さはその証左です。

そして、「精神的な要素」です。アグリガールは、権力志向や利己の意識ではなく、「社会課題を解決する」「人のために役立つ」という共通善を志向するため、多様な当事者を共感により引きつける引力を持ちます。権力志向の強い組織はサイロ化しやすい傾向がありますが、アグリガールがかかわると、利他の心とそれにもとづく共感力によって、サイロの壁が溶けていきます。

一人ひとりが知的機動戦により、多種多様な組織や人々を結びつけ、巻き込んでいくには、アグリガールに見られるように、利他や共感といった生き方に根ざした人間力が問われるのです。

経営講義② 「名詞ベース」ではなく「動詞ベース」の働き方が共感を呼ぶ

アグリガールの活動は、働き方にも「名詞ベース」の世界と「動詞ベース」の世界があることを示しています。

名詞ベースとは、○○会社対××市、○○部対××部といった組織が前面に出てくる、あるいは、役員対社員といった階層を前提にした働き方です。一方、動詞ベースは、「自分たちはどうありたいのか」「何のために仕事をするのか」という目的意識や問題意識を行動原理とする働き方です。

アグリガールたちは、各地でのさまざまなテーマに取り組むなかで、「自分たちは社会課題

名詞ベースと動詞ベースの違い

名詞ベース	動詞ベース
傍観的・客観的・主客分離	共感的・主観的・主客未分
科学的・分析的	ありのまま・まるごと
外から見るリアリティ	内から見るアクチュアリティ
モノ的発想	コト的発想
考えて動く	動きながら考え抜く
人間＝being（在る存在）	人間＝becoming（成る存在）
静態的・固定的	動態的・流動的
形式知重視	暗默知重視

の解決に携わる」という動詞を意識するようになります。もちろん、アグリガールのメンバーたちもNTTドコモという会社の社員であり、それぞれ所属部署もあり、名詞の組織のなかにいて、名刺にもその組織名が明記されます。

しかし、同じ名刺に「アグリガール０３５」と併記することで動詞ベースの動き方ができるようになる。その名刺を受け取るほうも、それを見て、アグリガールの活動を知り、名詞ベースを超えた動詞ベースで交流するなかで、共感が醸成されていく。

大山氏と浜森氏がわずか二カ月の速さで自治体、ベンチャー企業を巻き込んだ農作業効率化の実証プロジェクトを立ち上げることができたのも、名詞ベースではなく、当事者同士が動詞ベースで共感し合ったからでしょう。

名詞の世界は権力構造や階層化を生みますが、動詞の世界では共感がわき上がります。知的機動力を発揮するには、名詞に縛られずに、自分たちの動詞を自覚することの大切さをアグリガールの活躍は示しています。

経営講義③ 共感で結ばれた組織は「自己組織化」する

自己組織化（Self-organization）とは複雑系科学の概念で、自然界のある動きが、自らを組織立て、自律的に秩序を生み出す現象のことをいいます。

これは人間の組織にもあてはめて考えることができます。組織やチームのメンバーが全体の目的や目標を達成するよう、管理―非管理の関係を超え、自分の役割と価値を理解し、自らを動機づけながら、自律的に動いて主体的にコミットメントし、新たな知を生み出していく。その相互作用により、全体で高度な知が創発される。自己組織とは、そのような個と全体のバランスがとれた状態をいいます。そこでは創造性と効率性の両方を高めることができます。

もちろん、人は組織において管理―非管理の関係にもとづいて動きます。しかし、個人の主体的なコミットメントを引き出すのは「場」であって、組織そのものではありません。アグリガールの活動で特徴的なのは、メンバー一人ひとりが自律的に動き、実践知を発揮していることです。それはアグリガールが共感で結ばれた「意味ベースの組織」であり、そこに「場」が生成されているからです。

共感で結ばれた組織は自己組織化する。知的機動戦を戦うには、第一線に立つ一人ひとりが

自己組織とは

- 自律的な振る舞いを持った構成要素が集まり、相互作用を媒介にして、それぞれの総和より質的に高度で複雑な秩序を創発していく組織のあり方
- 各構成要素が管理ー非管理の関係ではなく、自らを動機づけながら新たな知を生み出していく
- 個が積極的に関与し、自律的な個から生まれた独自のアイデアが広まり、全体のアイデアになる

自分で考え、行動する自律分散的なネットワーク型組織が必要であり、その際、メンバー同士が共感で結ばれているほど、強い戦力となることをアグリガールから学ぶことができるのです。

経営講義④ マーチャンダイジング力を持つところが「知的機動戦」を制する

日本環境設計の事例についてては、どうでしょうか。

一人の人間の熱い思いから始まり、動詞ベースの出会いにより、共感の輪が日本から海外へと広がっていきました。岩元氏が手がけるプロジェクトは「地球環境防衛軍」の名称が示すように、「地球上に住む人々」への共感という二人称の世界を起点にします。

そこから、「地球の平和を脅かすのは詰まるところ地下資源の争奪戦」という本質的な気づきを経て、繊維産業に携わる自身の「自分は何をやりたいのか」という主観的な一人称の思いを問い、衣料に新しい意味づけ、価値づけをして、「服から服をつくる」「石油を一滴も使わない社会の実現」という跳ぶ仮説を導きまし

た。

地下資源をめぐる競争はパワーゲームの消耗戦の世界であり、戦力の大きいものが制します。一方、規模の小さいベンチャー企業が「不用品」の地上資源の活用を事業として軌道に乗せるには、適時適切な意思決定と戦力の移動・集中により戦いの主導権を握る知的機動戦が必要です。

ただ、戦い方には消耗戦と機動戦とがあって、変化が早く不確実性の高い状況では機動戦が有効ですが、機動戦だけでは、最終的に戦いを制することはできないのも確かで、消耗戦も必要になります。問題は、機動戦を繰り広げながら、いかに消耗戦へと展開していくかです。

まず、回収拠点のリサイクル技術を確保するには大企業の協力が必要であり、そこで岩元氏は、企業を回っては「共感してくれるサムライ」と出会い、動詞ベースで二人称の「われわれの主観」を形成しては、それを三人称で概念化し、事業化していきました。

「世の中を変える」には、消費者参加のマスの力が不可欠です。着目すべきは、消費者との動詞ベースの出会いの「場」をつくるため、「みんなでデロリアンを動かそう」と呼びかけ、楽しく動けるようなエンターテインメント性の高いイベントを仕かけ、共感の輪を広げていったことです。

企業、消費者など、多様な当事者との動詞ベースの知的機動戦で出会いをつくっては、そこから一点突破しながら、「循環のループ」というエコシステム（知の生態系）をつくり上げ、その輪をオープンエンドで広げ、その総力で戦いを制する。これも、人と人との共感の力があってこそ可能になるのです。

もう一つ注目すべきは、理想を追求する一方で、さまざまな取引のどこでどんな価値を生み、収益に結びつけるか、マネタイズ（収益化）も重視していることです。

価値はモノの向こうにあるコトの意味から生まれます。消費者は店頭に並ぶ再生繊維でできた服を見て、モノとしては石油由来の繊維でできた服と同じでも、「石油を一滴も使わずつくられた」コトに価値を感じ、つくり手に共感して購入する。

日本環境設計はモノをとおして、共感を呼ぶコトを生み出すマーチャンダイジング力に優れる。共感をベースにしたソーシャルビジネスには知的機動戦を展開しながらエコシステムを拡大して、消耗戦の態勢もつくり、その総力で戦いを制する。その際、マーチャンダイジング力が大きな武器になることを、この事例は示しているように思います。

経営講義⑤ PDCAでは知的機動戦は戦えない

ビジネスの世界で有名なマネジメントスタイルにPDCAサイクルがあります。計画（Plan）し、実行（Do）し、その結果を検証（Check）し、次の改善活動（Act）につなげるプロセスです。PDCAサイクルの問題点は、最初から形式知の計画（Plan）ありきで、計画を生み出すプロセスが入っていないことです。それは、ＰＤＣＡサイクルがトップダウン型の消耗戦に適応した効率追求モデルであるからです。

トップおよび戦略スタッフがデータなどをもとに、論理分析的にマスタープラン（基本計画）を策定し、それがブレークダウンされて数値ベースの計画や施策が降りてくる。第一線部隊は計画や施策ありきでＰＤＣＡサイクルを回し、効率を追求する。しかし、上から与えられた形式知の数値ベースの計画からは新しい意味や価値は生まれません。

日本の学校教育の現場に導入されたＰＤＣＡについて、計画はやたら大きく、現実から乖離した絵空事的であるため、実行が十分ではなく、それでいて検証だけはマイクロマネジメントで行われるものの、改善活動にはつながらないとして、これを大文字と小文字をまぜて、「ＰｄＣａ」と表現した社会学者の佐藤郁哉・同志社大学商学部教授の指摘は、実に正鵠を射ているといえます。

明かなのは、論理分析から導かれるＰＤＣＡサイクルでは知的機動戦は戦えないことです。絶えず動く現実のただなかでは日々矛盾に直面します。ベストな解は誰にもわかりません。そこで、その場の文脈に応じて、「よりよい（ベター）」に向かって矛盾を解消する対処能力が重要になります。

その際、論理だけでは矛盾に対処することは難しいでしょう。論理は矛盾する関係性を「二項対立（dualism）」としてとらえようとします。矛盾を相容れない二項対立としてとらえ、二者択一の

「either ～ or ～（あちらか、こちらか）」の否定により、どちらが論理的に正しいかを問う限り、ベターな解は導き出せません。

一方、対象に共感し、矛盾する関係性の文脈に入り込み、なかからとらえると、対極的で相容れないように見えることがらの間に実は連続した関係性があり、状況に応じてどちらも正しく、しかも境目がないような、いわば、「二項動態（dinamic duality）」の関係にあることがわかります。

そこで、二者択一ではなく、両者両立の「both ～ and ～（あれも、これも）」の均衡点を探し出し、一見、矛盾する文脈に新しい意味づけや価値づけを行い、そこから跳ぶ仮説を導いて、最善最適な解を導き出す。

アグリガールが、自治体とベンチャー企業という、価値観が矛盾しがちな当事者の利害を調整し、プロジェクトをスピード感を持って立ち上げることができたのも、相手への共感をベースに、矛盾する関係性の文脈に入り込み、矛盾を二項動態的にとらえて、ベターな均衡点をすばやく見つけることができたからでしょう。

トップダウンのＰＤＣＡではなく、現場の第一線部隊の一人ひとりが自律分散的に共感力を発揮し、矛盾を二項動態としてとらえ、均衡点を探し出す。そして、矛盾する関係性に新しい意味や価値が見えたら、跳ぶ仮説により、次のステップへとジャンプする。それが知的機動戦の戦い方です。

第4章

不確実性の時代を「物語り戦略」で勝ち抜く

ケース

8

花王

バイオIOS（アイオーエス）

不可能とされてきた界面活性剤を開発
近未来に洗濯ができなくなる事態を避ける

【イントロダクション】

戦略には、大きく分析的戦略（Analytical Strategy）と物語り戦略（Narrative Strategy）とがあります。

既存の理論にもとづき、市場、競合、自社を分析し、演繹的・論理的に戦略を導くのが分析的思考です。そこには、経営の主体である「人間」が出てきません。一方、本書で紹介したイノベーションの事例をはじめ、変化が激しく不確実性の高い時代にあって、大きな成果に至ったプロジェクトや事業は、人と人の共感を起点として、本質直観や非連続な跳ぶ仮説といった、論理からは生まれない人間による発想や行動が介在します。

「何がよいことか」という共通善を志向し、その都度、共感をベースに現実の文脈のなかに入り、事象の背後にある本質をつかみ、矛盾にぶつかれば二項動態の均衡点を探し出して最適最善の判断を行い、実行していく。それが、戦略として成り立っている。人間を中心に位置づけるのが、物語り戦略です。

最初に登場する花王の「バイオーOS」は、一九六〇年代に洗剤の原料となる界面活性剤が開発されて以来、不可能とされてきた技術を可能にし、イノベーションを実現した事例です。この章では、次に登場するポーラの抗シワ医薬部外品「リンクルショット」の事例と合わせ、人と人との共感をベースとした物語り戦略とはどのようなものであり、どのような要素で構成されるのかを解き明かします。

「中興の祖」の言葉が後押しした「史上最高」の洗浄基剤開発

❶サステナブルな界面活性剤を開発する

松坂桃李、菅田将暉、賀来賢人など、若手人気俳優が五人も登場する豪華なキャスティングのテレビCMで話題を呼んだ花王の衣料用濃縮液体洗剤「アタックZERO（ゼロ）」。「アタック液体史上最高の洗浄力」をうたい、二〇一九年四月に発売されると、日経MJヒット商品番付（上半期）で西前頭筆頭にランクされ、幸先よいスタートを切った。

高い洗浄力を実現したのは、花王が一〇年以上かけて、世界初の技術により開発した「花王史上最高」の洗浄基剤「バイオIOS」だ。基剤とは洗剤の主成分の界面活性剤のことで、次のような仕組みで洗浄効果をもたらす。

界面活性剤の分子は、油になじみやすい親油基の端に、水になじみやすい親水基がついたマッチ棒のような形をしている。洗濯の際、マッチ棒の軸にあたる親油基が衣類についた皮脂などの油性の汚れに無数に吸着し、その表面を取り囲む。すると、反対側の水に面して並ぶ親水基が水のほうへ引き寄せられるので、汚れが繊維から離れる。この現象が汚れの至るところで起きることにより、衣類が洗浄される。

洗剤に使われる界面活性剤の原料は、東南アジアで栽培されるココヤシやアブラヤシの種子から採取する天然油脂だ。バイオＩＯＳの開発は、その原料が不足する危機感から始まった。研究開発は、基礎研究を行うマテリアルサイエンス研究所の開発担当と応用担当の両チームが連携を組んだ。応用担当の中心を担った主席研究員、坂井隆也が話す。

「天然油脂の分子構造は炭素が鎖状に並んだ形です。界面活性剤の原料には炭素の数が一二から一四の油脂が使われる。その油脂は世界の全油脂生産量のうち、わずか五％ほどしかなく、それを各メーカーが競って入手しているのです。世界の人口は二〇五〇年には現在の一・三倍、ＧＤＰは三・二倍になると予測されていて、世界的に生活水準が向上すると洗剤の需要は激増する。ところが、森林伐採が問題視され、ヤシの栽培面積の拡大には限界がある。需給バランスが崩れて洗剤の値段が高騰し、日常的に洗濯を行うことが困難になる事態が危惧されているのです」

その一方で、世界で生産される天然油脂のなかで生産量が一位で、しかも、使われずに余剰になっている油脂もあった。坂井が続ける。

「それはアブラヤシの果肉からとれる炭素数が一六から一八のパーム油です。固体部分と液体部分があり、融点の低い液体部分は食油に使いますが、融点の高い固体部分は用途が限られ、界面活性剤にも不向きとされてきました。最大の問題は、炭素数が一六から一八になると水に溶けなくなることでした。界面活性剤の製法は七〇年前にドイツで確立されましたが、以来、この問題が解決できなかったため、界面活性剤には不向きとされたのです。この固体部分を有効活用し、界面活性剤の原料にすることができれば資源問題は解決し、サステナブル（持続可能）な界面活性剤をつくれます。界面活性剤の歴史で初めての試みに挑戦することにしたのです」

❷世界で初めての技術開発に成功する

二〇〇八年、研究開発がスタートする。当時、サステナブルという概念は、ヨーロッパでは提唱され始めていたが、アメリカや日本ではその動きはまだなく、社内で「そんな研究をやっても誰も喜ばない」という声が聞かれるなかでのスタートだった。

まず、パーム油の固体部分から、親油基のもとになるオレフィンという液体の物質をつくる。それまで、炭素数一六から一八の天然油脂からオレフィンをつくることは不可能とされていたが、開発チームは二年がかりで、これを可能にした。

次は、オレフィンにスルフォン基と呼ばれる親水基を結合させる。ただ、界面活性剤は親油基の炭素数が多くなり、鎖が長くなるほど親水性が低くなる。そのため、炭素数が一六から一八の新開発のオレフィンの端の部分に親水基を結合させた界面活性剤は水に溶けにくかった。

そこで、開発担当チームは親水基を親油基の端ではなく中間部分に結合させ、親油基が枝分かれした形の親水性の高い分子構造をつくり上げた。これが、IOS（インターナル・オレフィン・スルフォネイト）だ。天然油脂を原料とするバイオIOSの合成に成功したのは、世界で初めてだった。

ところが、ここで壁に突き当たる。開発担当チームで中心的な役割を務めた堀寛が話す。

「バイオIOSの開発は当初、炭素数一六から一八の油脂の有効利用がテーマで、界面活性剤としてどれほどの機能があるか予想できませんでした。そのため、衣料用洗剤というゴールも決まっておらず、とりあえず、機能を探りながら、いろいろな製品に使われている界面活性剤のどれかと置き換えができないかと考えていました。ところが、肝心の機能がなかなか見えなかったのです」

❸不可能だった親水性と親油性の両立を可能にする

この壁を突破したのが坂井だった。坂井の応用担当チームは、研究所と商品開発部門との橋渡しをする役割を担っていた。一九九二年の入社以来、界面活性剤の研究を続けてきた坂井は、バイオIOSの計測データを調べ始めた。

社内では、バイオIOSの研究開発に対して、逆風が吹き始めていた。通常は商品開発部門から研究所に、「こんな素材をつくれないか」と依頼されるが、バイオIOSは研究所から

「この素材を使ってはどうか」と投げかける形で、花王では二〇年ぶりのことだった。競合各社と洗浄力などの機能性を競っているなかで、「サステナブルな界面活性剤」を打ち出しても顧客への訴求力は弱い。社内では否定的な反応が多く、開発中止を求める声もあった。

坂井も開発のアクセルを踏むべきかどうか迷った。その背中を押したのは、「中興の祖」と呼ばれた元社長、丸田芳郎の言葉だった。一九七一年から二〇年間、社長を務めた丸田は、その経営手腕で花王を世界的企業にまで押し上げた。坂井の入社時には会長職に就いていた。

「科学的なデータをもとに正しいとわかっていることで戦え」。それが丸田の口癖だった。一度、研究開発をやると決めた以上は正しいとわかるまでやり抜く。原点に戻り、データを地道にとり、調べ続けた結果、バイオＩＯＳにはこれまでにはない機能があることを発見する。二〇一五年のことだ。坂井が話す。

「従来、界面活性剤は炭素の鎖が長いほど、親油性が高まり、親水性は低くなるというトレードオフの関係にありました。バイオＩＯＳは、親油基の中間に親水基を結合し、長い鎖を二つの部分に分けたので水に溶けやすくなったものの、親油性については未解明でした。それがデータをとっているうちに、分子構造は変わっても油にもなじみやすい機能は変わらないことがわかった。つまり、親水性と親油性の両立という、既存の界面活性剤では不可能だったことを実現できることが判明したのです。しかも油との親和性が高いので、少量で界面活性能を発揮できる。ならば、バイオＩＯＳの価値を最大限活かせるような新しい衣料用洗剤をゼロからつくれるのではないか、と可能性が見えてきたのです」

❹世界最大手の提言を機に潮目が変わった

この発見に社外から追い風が吹く。同じ二〇一五年、世界最大のトイレタリーメーカーであるプロクター・アンド・ギャンブル（P&G）が、衣料用洗剤の界面活性剤をサステナブルなものに変える必要性を提言したのだ。

P&Gは、界面活性剤の基礎研究をやめており、自社では開発できない。「ならば、花王が世界に先駆けてやるべきではないか」。坂井はP&Gの提言を援用しながら、バイオIOSを使った新しい衣料用洗剤の商品開発を求めるメッセージを社内に発信し続けた。

次第に賛同の声が広まり、最後は経営トップが決断。これを機に潮目が変わり、商品開発部門が動き始めた。

❺花王独自のマトリックス運営により量産技術を開発する

注目すべきは、商品開発がスタートする以前から、既に量産化のための技術開発も並行して進められていたことだ。着手はバイオIOSの用途がまだ不明確だった二〇一二年。堀とコンビを組んで量産技術の開発を担当した加工・プロセス開発研究所の主任研究員、藤岡徳が話す。

「花王にはマトリックス運営といって、一つの商品や技術をつくり出すのに異なる研究所が組織の違いを超えて協働できる仕組みがあり、われわれの技術開発もその典型でした。二〇一二年当時は、バイオＩＯＳの開発がどこに着地できるかわかりませんでした。でも、わかるのを待ってから量産技術の開発を始めたのでは間に合わなくなるかもしれない。炭素数一二から一四の油脂原料の不足が予想されるなかで、炭素数一六から一八の余剰の油脂原料を活用する。その可能性を共有できたことで、着地点が見えていなくても、一緒に走り出すことができたのです。それは、それぞれの研究所の現場のグループリーダーレベルの判断で可能でした」

バイオＩＯＳの量産化のための技術開発は「格段に難しかった」という。液体のオレフィンにスルフォン基を結合させるには、気体と反応させなければならない。実験室ではうまくいっても、生産プラントの実機で実験すると固まってしまう。一晩かけて準備して実験をしても、開始してすぐに失敗と判明したり、成功したと思っても品質評価で全滅したりすることもたびたびあった。

二人の奮闘が実を結んだのは二〇一八年一一月。花王が自社の注力する研究領域における新技術を発表する「技術イノベーション説明会」を実施した際、人工皮膚などとともにバイオＩＯＳも紹介されたが、量産技術の目処が立ったのは実にその五日前だった。藤岡が語る。

「失敗しては仮説を立て、また失敗する、を繰り返す。最後に仮説が当たった。本当に追いつめられました」

実験に立ち会い続けた堀もこう話す。

「量産化ができないと、新しい洗剤も発売できない。気が気ではありませんでした」

翌二〇一九年一月、アタックZEROの新製品発表会には澤田道隆社長自らが登壇。「究極の洗浄を提案する」「不可能を可能にするイノベーション」と自信をみなぎらせた。それは、四月から一二月までの九カ月の売上目標三〇〇億円という、販売を終える既存の「アタックNeo（ネオ）」の一・五倍を目指す強気の計画にも表れた。

❻執念で開発を続けたら世の中が変わった

日本ではここに来て、国連サミットで採択されたSDGs（持続可能な開発目標）ににわかに注目が集まっている。坂井が語る。

「開発を始めたころは、サステナブルな界面活性剤が求められるといっても、誰も関心を示しませんでした。それでも、『きれいな生活をお届けします』とメーカーとして標榜している責任上、洗剤の値段が何倍にも高騰する事態は回避しなければならない。だからしつこく開発を続けていたら世の中が変わり、そのタイミングで商品を完成させることができた。途中で立ち止まっていたら、この流れをつかむことはできなかったでしょう。そして、もう一つ、よきモノづくりをとおして人々の豊かな生活文化の実現に貢献する花王の企業文化があったからこそできたのだと思います」

藤岡と堀も、「量産化の技術開発を並行して進めていなかったら完成はもっと先になった」（藤岡）、「その意味で、オール花王のマトリックス運営を行い、原料から最終商品までつくる技術を持つ花王だからできた」（堀）と話す。

バイオＩＯＳは硬度の高い水や低温の水でも使えるため、硬水の地域が大半を占めるヨーロッパや寒冷地にも適している。坂井らが目指すのは、バイオＩＯＳを世界の洗剤メーカーで採用してもらうグローバル展開だ。「世界で使ってもらえる界面活性剤を自分の力で世に出したいというのが若いころからの夢だった」という坂井が話す。

「資源問題を解決するには全世界で使ってもらわなければなりません。将来、花王があのときこの界面活性剤を開発してくれたから、いまもこの値段で洗剤が買えるんだといってもらえるようにしたい。ここからまた新たなスタートです」

※「バイオＩＯＳ」の【解釈編】は次の事例のあとにまとめて述べます。

ケース
9

ポーラ
リンクルショット
メディカルセラム

「シワを改善できる」と明言できるまで一五年
世界で初めてシワのメカニズムを解明

【イントロダクション】

日本で初めて「シワに効く!」と明確にうたえる化粧品をつくろう。三五歳まで「日陰の花」だった一人の研究者が決意したときから、その開発は始まりました。それから一五年、「あきらめろ」といわれ続けてもくじけることなく、ついに五〇歳で前人未踏のゴールにたどり着きます。

開発途中、昼休みに社員食堂で食事をとっていると、本人がそこにいるとも知らずに、「ありゃ、ダメだ」と陰口が耳に入ってきたり、馬鹿にした笑い声が聞こえたりもしましたが、「自分がキレたら、これまでのメンバーの努力が台無しになる」と、ぐっと耐えた。その一五年にわたる研究開発は、まさに物語りです。

分析的戦略は人を感動させることはありませんが、物語り戦略はそれを遂行する人々に対する周囲の共感を喚起します。リンクルショットの開発も、反対の声があがる一方で、共感する多くの人々の協力と支援で成功に至りました。多くの人々が直接、間接的にかかわるという意味では、物語り戦略は「全員経営」を可能にするといえます。

先が見えない不確実性の高い状況でイノベーションを起こすには、リーダーは自らの生き方に根ざした物語りを生成する能力を持たなければならないことを、この事例で学ぶことになります。

社内の中止論を押し返しながらたどった挫折と苦闘の軌跡

❶開発の物語りに販売員たちが感動のあまり涙を流した

史上初、人の皮膚にシワができるメカニズムを解明。シワを改善する医薬部外品として、日本で初めて承認されたのがポーラの薬用化粧品「リンクルショット メディカルセラム」だ。一本一万六二〇〇円（税込み、二〇一八年一月より一万四八五〇円に改定）の価格ながら、二〇一七年一月一日に発売されると、初年度の年間売上高は一三〇億円と年間目標一〇〇億円を大きく上回り、日経MJヒット商品番付でも東の小結にランクされた。

開発期間は実に一五年。その道のりは困難に困難を極めた。次々と立ちはだかる壁、予期せぬ障害、「中止」を求める声……研究開発チームはそれを乗り越え、完成へと至った。その販売を担った商品企画部長の山口裕絵が話す。

「一五年がかりの開発をバトンリレーにたとえれば、わたしたちは最後のバトンを受け取ったアンカーでした。いちばんでゴールを切らないと、研究開発チームの苦労は報われない。責任の重さをひしひしと感じました」

ポーラでは、以前は「ポーラレディ」（「ビューティーディレクター」と名称変更）と呼ばれた女性販売員による訪問販売が主力だった。いまは系列店舗や百貨店のコーナーでのカウンセリング型の販売へと比重が移ったが、全国四万五〇〇〇人の販売員が第一線を担う形態は変わらない。

山口が率いる販売担当チームは発売に向け、研究開発メンバーとともに一カ月半で全国一五〇カ所を回り、開発の苦闘の数々を販売員たちに伝え続けた。山口が続ける。

「シワを改善する医薬部外品は日本初でしたので、そのことだけで間違いなくヒット商品になると予想できました。ただ、わたしたちの役割はそれをゆるぎないブランドにすることにありました。ブランドとは、お客様の喜びを実現するというつくり手の思想、それを実現しようとする執念に近い思いの結晶です。その思いを最前線でお客様と向き合う販売員たちに伝えたかった。すると、販売員の女性たちが感動して涙を流しながら聞いてくれるのです。それは感きわまる光景でした。研究員たちがときに悔しい思いをしながら苦労の末、生み出した製品について、『こういう思いで、こうやって開発した製品だからシワが改善できるんです』と堂々と説明できる。それは販売員にとっても誇りです。彼女たちの涙は、その誇りへの感動の涙だったと思います」

四万五〇〇〇人の販売員たちが共感した、一五年におよぶ〝思いのバトンリレー〟の軌跡をたどってみたい。

❷シワで悩む女性たちと研究仲間への共感が起点となる

ポーラ製品の研究開発は、グループ会社のポーラ化成工業の研究所が担う。リンクルショットの開発は二〇〇二年、入社以来一一年間、医薬品部門にいて化粧品の商品化の経験ゼロの研究員、末延則子（現・同社取締役執行役員フロンティアリサーチセンター長）が化粧品部門へ異動になり、開発チームのリーダーに就いたことに始まる。

末延は薬学系大学院を卒業後、工業メーカーへの就職が内定していた。しかし、「使う人に直接届く消費財づくりにかかわりたい」と内定を断り、既に就活のシーズンは終わっていたが、自ら電話で人事部にアプローチして入社したのがポーラだった。

配属された医薬品開発部門は事業として立ち上がったばかりで人材も少なく、わからないことがあれば、社外にいる専門家を探し、自ら動いて教えを請うた。しかし、あるテーマで研究を始めても、上司が代わるたびに短期間でテーマが変わってしまう。成果が出せない「日陰の花」だった。苛立ちを覚え、上司に抗議したこともあった。

やがて、「決められたことをこなすだけではなく自ら新しいことに挑戦したい」という思いが募り、異動願いを提出。新設された皮膚薬剤研究所に配属され、初めて化粧品の開発に携わることになった。

その年、ポーラは創業家の三代目社長、鈴木郷史（現・ポーラ・オルビスホールディングス社長）が「お客様第一主義の徹底」「事業の選択と集中」「組織風土、マネジメントの変革」を目的とした「新創業宣言」を発表。企業変革に着手した。これを機に訪問販売から店舗への誘客への転換が始まる。

「研究所も新しいことに挑戦したい」「新しい価値を創造するのが自分の仕事だ」。そう決意したとき、末延はある現実を知る。それは、化粧品部門の研究員が陥っていたジレンマだった。

女性の二大悩みのうち、シミ対策は効果を明言できる医薬部外品が承認されていた。一方、シワに効く医薬部外品は存在せず、薬事法にはシワのカテゴリー自体が存在しなかった。

シワを改善するには、有効成分が肌表面の表皮よりも奥にある真皮に作用しなければならない。真皮には血管や神経があるため、有効成分にはきわめて高い安全性が必要となる。仮に真皮に作用する有効成分を見つけ、医薬部外品として申請しても、必ずしも承認が得られる保証はなかった。

そのため、どんな製品をつくっても、承認が必要ない化粧品として「肌を健やかにします」といった遠回しの表現しかできず、悔しい思いを抱いていた。その一方で三〇歳以上の女性の七割がシワで悩んでいる現実があった。末延が話す。

「ならば、有効成分を見つけ、医薬部外品として承認してもらい、『シワを改善する』と胸を張って堂々といえるようにしよう。これを解決できれば、たくさんの女性を幸せにできる。すべては研究員の積年の思いと、シワで悩む女性たちへの思いから始まったのです。ところが、すぐに壁に突き当たります。なぜ皮膚にシワができるのか、そのメカニズムは未解明だったのです」

❸白血球の一種から出る酵素がシワの元凶だった

シワができるメカニズムについては、世界中の研究者がさまざまな基礎研究を行っていた。一般に新規の有効成分を配合した医薬部外品の開発には一〇年、一〇億円がかかるとされている。しかも、必ずしもゴールにたどり着けるとは限らない。

リスクを抑えるため、既存の研究のなかの有力な論文をベースにするのが常道であり、周囲のベテラン開発担当者からは「シワに一定の効果があることがわかっている成分で開発を進めたほうがいい」と助言された。しかし、末延は独自開発という自説を曲げなかった。

「わたしたちが目指したのは、『シワを改善する』と胸を張っていえる、いちばん効果の高い医薬部外品をつくることでした。いままでにないものを生み出す以上は、邪心なく、ゼロからすべてのストーリーを組み立てよう。それは泥臭く、地道な作業でした」

当時、研究所では、既に発売され、ヒットしていたシミを目立たなくする美白の医薬部外品の開発に主力部隊が投入されていた。前例もなく、成功するかどうかも未知数の抗シワ医薬部外品の開発チームは当初、末延以外は三〇歳前後の若手ばかりの合計四人の小所帯で、美白チームと比べ、「当時は二軍チームだった」（末延）。ただ、活気は満ちていた。

研究は地道なものだった。シワのある皮膚とない皮膚を顕微鏡でのぞき、比較する。その繰り返し。末延は、メンバーが研究に没頭しすぎて視野が狭くなっているのを見抜くと、まったく違う角度から指摘をし、柔軟な視点を持つよう指導していった。

すると、比較を続けるうちに、ある現象が浮かび上がった。シワの箇所には白血球の一種である好中球が多く集まっていた。好中球からは好中球エラスターゼという酵素が出る。好中球エラスターゼは生体に炎症が起きた際、異物を分解する働きがあった。そこで、好中球エラスターゼを皮膚組織に振りかけてみた。すると、真皮成分のコラーゲンやエラスチンが分解され、皮膚がボロボロになった。原因が特定された瞬間だった。

「皮膚は普段、屋外で紫外線を浴びているときも〝微弱な炎症〟が起きていて、好中球はこれを〝傷〟と勘違いする。好中球エラスターゼは諸刃の剣で異物だけでなく、真皮の成分まで〝異物〟として分解してしまい、結果、シワができる。ただ、この現象を見つけただけでは不十分で、好中球エラスターゼの働きを止める抑制剤を見つけ、それがシワに効くことを示さなければ、メカニズムを証明したことにはなりません。もう一つの地道な作業が必要でした」

❹チョコミントのアイスクリームをヒントに着想する

抑制剤の候補は医薬品、植物エキス、微生物の代謝物など五四〇〇種類に上った。このなかから抗シワ効果、安全性、色、匂いなどの条件をもとに一つひとつ調べあげる。最終的にニールワンという、四つのアミノ酸誘導体を合成した素材がもっとも効果があることを突き止めた。それが二〇〇四年。既に二年が経過していた。シワ改善の評価法も存在していなかったため、自分たちで編み出さなければならなかった。

こうして史上初めてシワのメカニズムを解明し、有効成分が発見された。バトンは次の製剤担当チームに託された。そこには、より困難な壁が待ち受けていた。

有効成分を他の材料と配合してクリーム状やローション状にする。この製剤の過程でニールワンには決定的な問題があった。ほとんどの化粧品には水分が含まれるが、ニールワンは水で分解されやすく、品質の安定化が困難だったのだ。担当した檜谷季宏（現・知財・薬事センター薬事グループリーダー）が話す。

「製剤用の材料は何百種類もあり、一つひとつ試していっても安定化がうまくいかない。日本中の大学を回って相談しても解決策は見つかりませんでした」

社内でも絶望視され、上からは「開発中止」を求める声が何度も出てきた。社員食堂では、行き詰まりを嘲笑する声が聞こえた。これを末延は必死に抑えた。

「上層部には、今回はこの方法で失敗したけれど、次はその学びをこう活かしていくと、その都度、ロードマップを示しながら、われわれが描くストーリーのなかでは一個一個積み上がっていることを伝えたのです」（末延）

この大学回りを行う際の末延の姿勢が檜谷は強く印象に残っているという。多いときは月に一～二人を訪ねたが、驚いたことに、末延は訪問するすべての研究者の論文をほぼ読破していた。檜谷が話す。

「専門が違えば論文に書かれている内容は〝異国語〟といってもいいほど難解です。それでも、『研究内容をきちんと理解しなければ失礼』と。そんな時間がどこにあるのだろうと思うスケジュールでした。だから、先生への質問も的確で、重ねて敬服しました。リーダーが率先して時間と努力を惜しまない姿勢が、自分も頑張ろうというモチベーションになりました」

末延は子育て中で、午前三時半に起きて論文を読み、出勤していたのだ。

打開策は突然、やってきた。大学を回り始めて三年目の二〇〇六年の初めのことだ。神戸の研究機関を訪ねた際、昼食をとった店で食後に出たチョコミントのアイスクリームを見て、檜谷がひらめいた。

「アイスのなかにチョコが溶けずに点在していた。同じように油脂成分が中心の材料にニールワンを固形のまま分散させればいい。行き着いたのは単純な方法でした」(檜谷)

三年かけて試験データを揃え、開発着手から七年後の二〇〇九年六月、医薬部外品の承認申請にこぎ着けた。

❺出口が見えないなかでの苦闘

ところが、そろそろ承認が出そうだと期待されたころ、予想外の事態が起こる。

申請から四年後の二〇一三年七年、カネボウ化粧品が販売した医薬部外品の美白化粧品により、使用者の皮膚がまだらに白くなる「白斑事件」が発生。承認した行政の責任も問われた。末延が厚労省の担当者に連絡をとると、「医薬部外品のあり方を見直さないと先へは進めない」という。審議は完全にストップする。

それでも開発チームはあきらめず、徹底した安全性試験を断行。一二二人に一年間連用してもらい、副作用がないことを実証したのをはじめ、協力医から「まだやるのか」と驚かれるほど試験を重ねた。

それは、開発チームの〝流儀〟ともいうべきものであり、そこには「本当は怖がり」という末延の思考と行動のスタイルが強く反映されていた。家の玄関の施錠を必ず二度確認し、途中でまた戻ってくることもあるほどの「心配性」の末延は、研究開発においても、臆病なほどに確認しつくすことをチームに求めたのだ。

何をどこまで検証すれば十分といえるのか。どんなデータが必要なのか。あらゆる方法を考え抜いたのか。抜けや漏れはないか。考えうるリスクを想定して準備に手を尽くす。時間と努力は惜しまない。部下に対しても厳しく、メンバーが数日かけた実験データに五分でダメ出しをしたこともあった。

徹底して確認した分、自分たちが納得できる結論に到達したら、リスクがあっても、周囲から反対されても、末延は妥協しなかった。しかし、緻密なデータを示しても、厚労省から承認が出る気配はなかった。

「医薬部外品ではなく化粧品でどうか」

上層部は成果を急いだが末延は応じなかった。

「『シワを改善できる』と堂々といえるようにしたい。それは、ポーラを支える販売員の女性たちの思いでもあります。化粧品では、それがいえない。われわれのストーリーのなかでは医薬部外品以外はありえませんでした」（末延）

出口が見えないなかで、メンバーの思いも同じだった。

「不安もありましたが、最後までやり切りたい。心が折れることはありませんでした」（檜谷）

この苦難の連続をとおして、かつての「二軍チーム」は、「なぜ、あそこには優秀な人材が集まっているのか」といわれるような優秀なチームへと育っていった。

❻人々をつなげる共感の連鎖が知を生む原動力となる

申請から八年後の二〇一六年六月、待望の承認が下りる。バトンは生産工場へと受け継がれた。水を使わない製剤は製造が難しかったが、「われわれの苦労をみなさん知っていて、本当に頑張ってくれました」（末延）。

同時に事業会社のポーラでも山口をリーダーに商品企画、販売、デザイン、宣伝の部門横断チームが動き出した。

あてどない一五年におよぶ「ストーリー」をデザインにも入れ込もう。暗い宇宙を旅してついに見えた光。それがリンクルショットだ。チューブ本体の紺色は宇宙を、キャップの金色は星を、ロゴや箱のオレンジ色は宇宙服を表す。そのロゴも手書き文字を採用した。山口が話す。

「それは契約書のサインです。最終走者としてゴールを切る販売員の女性たちが、進捗の遅れから、社内でときには後ろ指を指されながらも、マグマのような思いで製品をつくり上げた研究員たちの一五年の軌跡をお客様に語り、シワを改善すると堂々とお約束する。その誇りを手書き文字に表しました」

一五〇回もの販売員への研修会を経て、二〇一七年元旦、発売開始。系列販売店の多くは個人経営だが、全国各地の店舗が初日からの営業に名乗りをあげてくれた。都内の百貨店内のコーナーには元旦から行列ができた。

同年六月、資生堂が抗シワ医薬部外品として二番目の製品を発売する。真皮成分の一つ、ヒアルロン酸の産生を促進する成分を配合。一本六二四〇円（税込み）という手の届きやすい価格、ドラッグストアなどの販売網の広さもあり、こちらも快進撃を飛ばした。ただ、リンクルショットの販売には「影響は出なかった」（山口）という。

それを象徴するエピソードがある。発売開始から一〇カ月後にユーザーを集めてインタビューを行ったときの話だ。「ポーラさんは、何かとてつもなく苦労してつくられたみたいで、それもあったから買いました」。そう語るユーザーの話を聞いて、「あ、伝わっているんだ」。山口はみんなの労が報われた思いがしたという。

「機能性の高さの裏には人のストーリーがある。お客様も機能性だけでなく、ストーリーへの共感を求め、それが信頼につながる。今回そのことを学びました」（山口）

末延のもとには、販売員の女性たちからは感謝の手紙が、工場からは「絶対欠品はさせませんとのメッセージが届く。それをみんなの目に触れる研究所の食堂に張り出している。

「どちらも現場同士の共感でした」（末延）

末延は二〇一七年末、『日経ウーマン』誌主催の「ウーマン・オブ・ザ・イヤー」の大賞を受賞した。一五年間、逆境でもあきらめずにチームを鼓舞し続けたリーダーシップが評価された。

企業活動には多くの困難がともなう。それを人々の知恵と知識で克服する企業が成功へと至る。この受賞は「知の競争」の時代にあって、人々をつなげる共感の連鎖こそが知を生む大きな原動力になることを物語っている。

物語り戦略は「筋書き」と「行動規範」で構成される

経営講義① 人間不在の分析的戦略には限界がある

戦略には、さまざまな定義があり、「これが正しい」という唯一の解はありません。企業経営における戦略といった場合、どのようにしたら競合相手との競争に勝ち、利益を上げて生き残れるのかといった競争戦略を思い浮かべるでしょう。つまり、戦略の目的は、企業や事業の競争優位の確保による持続的な成長であると考える。

これまでの企業経営では、市場環境や自社の内部資源を分析するという、分析的手法を駆使したアメリカ流のサイエンスとしての競争戦略の策定がもっぱら行われてきました。これが分析的戦略です。その代表格が、ハーバード・ビジネス・スクール教授マイケル・ポーターの「ポジショニング理論」と呼ばれる競争優位の理論です。

ポジショニング理論は、市場の構造が企業の行動を決定づけるという経済学の産業組織論をベースにしています。企業が競争戦略を策定するときには、市場の魅力度を判断して市場を選択し、その市場における自社の最適なポジショニングを判断し選択する。その判断と選択に際し、市場の構造と変化を理解するため、五つの競争要因を編み出しました。「ファイブフォース」と呼ばれるフレームワークです。

「参入障壁」「買い手（顧客やユーザー）の交渉力」「原料・部品のサプライヤーの交渉力」「代替製品・サービスの脅威」「既存の競争企業間の敵対関係」の五つの要因によって、業界の競争環境を分析するのです。

しかし、ポーターの競争理論に代表される市場分析的なサイエンスとしての分析的戦略には、いくつかの限界があります。

第一に、経営の主体である人間の信念や価値観、それにもとづく企業の存在意義や組織ビジョンといったアートの部分が一切入り込めないことです。人間による、暗黙知の共有から始まる知識創造が入り込む余地がありません。まさに、人間不在の戦略論です。

企業経営において知識の重要性がいっそう高まるなかで、競争力の源泉としての知識への無関心は、ポジショニング理論の有効性に疑問を抱かざるを得ないのです。

第二に、「ＶＵＣＡ（ブーカ）ワールド」と呼ばれる現代の市場環境に分析的戦略では対応できないことです。

不安定で変化が激しく（変動性＝Volatility）、未来を予測することが困難であり（不確実性＝Uncertainty）、仕組みが複雑で（複雑性＝Complexity）、問題も課題も明確ではない（あいまい性＝Ambiguity）。それがＶＵＣＡワールドです。

既存の分析データなどをもとに、市場環境を静態的、固定的にとらえる分析的戦略は、ＶＵＣＡワールドでは限界があります。ポーター教授らが設立したモニター・グループという戦略コンサルティング・ファームが二〇一二年に倒産したことは、象徴的な出来事でした。

第三に、サイエンスとしての分析的戦略が前提とするのはトップダウンのマネジメントであり、現場に蓄積された暗黙知は活用されないことです。トップおよびその意を受けた現場感覚のない企画部門が分析的な形式知の情報をもとに戦略的計画を立案し、現場に実践を求める。結果、計画と現場の現実が乖離してしまう。分析過剰、計画過剰により現場が疲弊する日本企業の現状は、もっぱら分析的戦略によるトップダウン・マネジメントによるものでしょう。

経営講義② あらゆる面で対照的な物語り戦略と分析的戦略との違い

人間不在の分析的戦略とは対照的に、戦略づくりとその遂行において、人間を中心に据えるのが物語り戦略です。

なお、前述のとおり、戦略とは静態的ではなく流動的であるとイメージできるよう、また、物語り戦略について、「戦略を物語る行為」という動詞をイメージできるよう、「物語」という名詞形ではなく、「物語り」という動詞形を使います。

分析的戦略と物語り戦略は、あらゆる面で対照的です。

分析的戦略は、目の前にある現実、さらには自分たち自身も対象化して抽象化し、自らがとるべき戦略を分析にもとづき科学的に策定します。

一方、物語り戦略においては、その都度、新たな物語りが生成されていきます。戦略にかかわる誰もが、その場に自らコミットし、「いま、ここ」での経験を当事者たちと共有しながら、自分たちはどう生きるべきかを問います。その相互作用のなかで解が浮かび上がり、次々と物語りが紡ぎ出される。それが一つの戦略として成立しているのです。

分析的戦略の科学的方法論はデータや数字をもとに科学的に論理分析するのに対し、物語り戦略は現実を解釈し、その意味を問います。

分析的戦略では唯一の解が求められるのに対し、物語り戦略では個別具体の現実を複雑なまま丸ごととらえるため、多元的で多様な解が許容されます。唯一の解は固定的であるのに対し、多元的な解は共通善を志向しながら、常に動きます。

いまの時代は不確実性、複雑性、多様性、予測不可能性の極致であり、科学的方法論ではとても対応困難であり、その都度、物語りを生み出していかなければ、解決の糸口は見えてこないのです。

以下、いくかのポイントに整理してみましょう。

経営講義③ 「競争に勝つ」ことが前提か、企業の存在意義が前提か

一つ目のポイントとして、分析的戦略では、「競争に勝つ」ことが戦略の前提になるのに対し、物語り戦略では、企業は「何のために存在するのか」「なぜ戦い合うのか」という存在意義や組織ビジョンが前提になります。

企業の存在意義とは、トップから第一線まで、企業経営にかかわる人々が、その実現を目指すべき「共通善（コモングッド）」ともいうべきものです。

第1章で、患者への共感や社員同士の共感を重視する企業の例として、エーザイや京セラを紹介しました。エーザイにおいては、「われわれは患者様とそのご家族を第一義に考え、そのベネフィット向上に貢献する」という企業理念、京セラにおいては、「従業員の物心両面の幸福を追求すると同時に、人類、社会の進歩発展に貢献する」という社是がそれぞれの共通善になります。

企業の存在価値が問われるとともに、経営の主体である人間の生き方も問われます。企業経営に携わるトップ、ミドルリーダー、そして、第一線の社員一人ひとりに至るまで、「自分はどうありたいか」という思いや主観、「いかに生きるか」という生き方の価値観や信念が問わ

れ続けます。

このように思いや生き方を問いつつ、組織において仕事をするとはどういうことでしょうか。人間は自らの生き方を実践すると、そこに物語りが生まれます。一人ひとりが他のメンバーたちと相互に作用しながら、自己の物語りづくりを通じて、組織の歴史を生み出していくという自覚を持つとき、自己の思いや生き方の価値観と企業の存在意義、すなわち、共通善が重なり合い、それぞれの思いや価値観が組織のなかで正当化されます。そして、その思いや価値観が仕事のなかで実現し、成果に結びついたとき、自己の生き方の高次な意味が生まれるのです。

誰もがよりよく生きる未来に向け、企業として目指す共通善を実現するため、多様な手段をその都度、文脈と関係性のなかでダイナミックに考え、実践し、知を共創していく。それにより、一人ひとりの生き方もより高次な意味がつくられていく。それが、ヒューマンセントリックな物語り戦略のあり方です。

物語り戦略は、企業の存在意義を追求して戦略を遂行し、成功に至れば、競争に勝つという結果がもたらされます。その戦略にはかかわったメンバー一人ひとりの生き方も投影されているため、競争に勝つこと以上に顧客から大きな支持を得たことがそれぞれの自己達成感に結びつくのです。

事例にあてはめて考えてみましょう。花王のバイオＩＯＳも、ポーラのリンクルショットも、分析的戦略で考えたら、商品の開発そのものが存在しなかったでしょう。

バイオＩＯＳの開発の場合、サステナブルな界面活性剤など、実現する技術もなければ、市場そのものが存在していませんでした。それでも、バイオＩＯＳの開発は、界面活性剤の現状の製造法が続けば、材料不足から洗剤の値段が高騰し、日常的に洗濯を行うことが困難になる可能性があるという、未来を担う人々への共感から始まりました。

この問題を本質的に解決するには、使われずに余剰になっている油脂を原料として使用する必要があり、従来、「界面活性剤には不向き」が常識だった炭素数が一六から一八のパーム油の固体部分を原料にするという跳ぶ仮説を導いて挑戦していきました。

リンクルショットの場合、皮膚のシワについては、原因やメカニズムもわからなければ、薬事法でもシワのカテゴリーが存在していませんでした。それでも、リンクルショットの開発は、「シワを改善する」と堂々といえないことに悔しい思いをしてきた研究者仲間たちへの共感、三〇歳以上では七割もいるシワに悩んでいる女性たちへの二人称の共感から始まりました。

そこから、チームとして「われわれはこうありたい」という一つ次元の高い「われわれの主観」を共有することで、末延氏はリーダーとして「わたしはこうありたい」という一人称の主観を明確にしました。

そして、「シワができるメカニズムを自分たちで解明し、有効成分を見つけ出し、世界の化粧品史上、これまで存在しなかった、シワを改善する医薬部外品をゼロから開発する」という跳ぶ仮説へと発想を一気にジャンプさせます。

問題は開発の方法で、失敗するリスクを抑えるには、既存の研究をベースにするのが常道でした。論理的にはそれが正解でも、末延氏は自分たちでゼロからシワのできるメカニズムを解明することにこそ本質的な意義があると直観し、挑戦していきました。

こうして環境分析ではなく、人と人との共感から生まれた跳ぶ仮説に対し、開発のゴーサインが出たのは、それぞれの企業の存在意義、そして、開発者の「自分はどうありたいか」「いかに生きるか」という価値観が明確だったからです。

どちらの事例も、企業としての存在価値、開発者の生き方が前提となりました。

花王には、「使命」「ビジョン」「基本となる価値観」「行動原則」からなる、次のような「花王ウェイ」と呼ばれる企業理念があります。

自分たちは何のために存在しているのかを示す「使命」として、「よきモノづくりをとおして人々の豊かな生活文化を実現する」、どこに行こうとしているのかを示す「ビジョン」として「消費者・顧客をもっともよく知る企業になる」、何を大切に考えるかを示す「基本となる価値観」として「よきモノづくり、絶えざる革新、正道を歩む」、どのように行動するのかを示す「行動原則」として「消費者起点、現場主義、個の尊重とチームワーク、グローバル視点」を掲げます。これらを、社員が仕事の意義や課題を確認するための拠りどころとして共有することを求めるのです。

なかでも、「よきモノづくりをとおして人々の豊かな生活文化を実現する」という使命は、創業者の長瀬富郎によって一八九〇（明治二三）年に設立されてから一三〇年にわたって花王の歴史を支えてきたものです。

バイオIOSの開発も、「よきモノづくりをとおして人々の豊かな生活文化の実現に貢献するという花王の企業文化があったからできたと思う」と開発者の坂井氏はいいます。

その坂井氏も、界面活性剤の専門家として、「世界で使ってもらえる界面活性剤を自分の力で世に出したいというのが若いころからの夢」であり、その夢に向けた生き方を求めました。

ポーラは、化学者でもあった創業者の鈴木忍が、ある日、妻の手の荒れを見て、独学でハンドクリームをつくって贈ったのが創業の原点でした。一人の人間の妻への愛がすべての起点で、そのクリームが評判となり、ほしい人には分け隔てなく届くよう、必要な分だけ量り売りで手渡ししたことから、一九二九（昭和四）年に事業が始まります。以来、この創業の逸話は社員たちに語り継がれました。

愛を起点とするDNAはいまも受け継がれ、ポーラは「Science. Art. Love.」という三つの言葉で自社の独自の存在価値を表しています。

Scienceは、「科学に裏づけられた最先端の商品」を世に送り出すこと、Artは、「手仕事で感動を生む技」「人の手が生み出す美へのこだわり」「手渡しの心」「肌に触れるお手入れという技」、そして、Loveは、「一人ひとりを尊重し、愛あふれる関係を築くという創業から続いている思い」を表します。

リンクルショットの開発を決断した末延氏も自分の生き方を貫く人でした。「使う人に直接届く消費財づくりにかかわりたい」と、すでに決まっていた就職先の内定を断ってポーラの門戸をたたき、上司が代わるたびに短期間でテーマが変わってしまうことに抗議し、「決められたことをこなすだけではなく自ら新しいことに挑戦したい」と異動願いを提出するほど、自分の生き方についての強い価値観の持ち主でした。

企業も、経営の主体である人間も、単に「在る（＝being）存在」ではなく、未来に向かって開かれ、意味や価値を常に生成していく「成る（＝becoming）存在」であり、その「成る（＝becoming）」プロセスに、企業の存在意義や人間の生き方が表れるともいえるでしょう。

その未来に向かって「成る（＝becoming）プロセス」が戦略となって表れたのが、物語り戦略にほかなりません。

経営講義④ 静態的状況が前提の分析的戦略、動態的状況が前提の物語り戦略

分析的戦略と物語り戦略との違いの二つ目のポイントは、分析的戦略が環境の静態的状況を前提とするのに対し、物語り戦略は動態的状況を前提にしていることです。

ポジショニング理論は、市場の参加者全員が競争相手の構想を予想できるような完全な情報を持ち、自由に市場に参加も退出もできるなどの条件を満たした「完全市場」を想定します。そして、市場参加者全員がフェアな競争をしていれば（完全市場での完全競争）、結果的に参加者の利益は平準化され、誰一人として超過利益を得ることはできないという市場均衡理論にもとづいています。

ポーターは、この理論を逆手にとり、完全競争によって利益が平準化され、他社より利益を得ることが難しくなるなら、逆に意図的に不完全競争状態をつくり出すことで、他の参加者より利益を多く獲得できると考えました。そして、市場構造を操作し、不完全競争状態に持ち込むには、どのような戦略が有効なのかを考え、構築したのがポーターの競争理論でした。

つまり、完全市場などという、非現実的な考え方が基礎にあって、静態的な分析にとどまっているのです。

しかし、現実は、さまざまな事象が絡まり合い、刻一刻と変化しています。分析的な戦略策

定が前提とするような、すべての条件が統制された状況は現実には存在しません。しかも、現代はグローバル化や情報化の進展により、ＶＵＣＡワールド化が進んだため、企業経営も、微細な変化が大きな変動につながるような複雑系の動態的な世界を前提としなければならないのです。

バイオＩＯＳの開発も、スタートしてしばらくは、サステナブルという概念は日本で注目されていませんでした。そのため、社内では否定的な反応が多く、開発中止を求める声もありました。それでも開発を続けると、二〇一五年にＰ＆Ｇがサステナブルな界面活性剤の必要性を提唱したことで状況が大きく変わります。社内に賛同の声が高まり、トップの決断により、商品開発がスタートするのです。

リンクルショットの開発も、スタートした時点では、必ずしも厚労省の承認が得られる保証はありませんでした。それでも開発着手から七年後には承認申請にこぎ着けますが、それから四年後、そろそろ承認が期待されたころ、カネボウ化粧品が販売した医薬部外品の美白化粧品による「白斑事件」が発生したことで、審議が完全にストップするという予想外の事態が発生します。

そのため、「医薬部外品ではなく化粧品ではどうか」と上層部は成果を急ぎましたが、出口が見えないなかでも、「医薬部外品以外はありえない」と方針は変えませんでした。やがて待望の承認がおり、「一五年がかりの開発」という物語り性が顧客の共感を呼ぶことになるのです。

統制できない状況においては、さまざまな矛盾や対立関係が生じます。そこで、「いま、ここ」の矛盾や対立関係を二項動態としてとらえ、その都度、均衡点を探し出し、解決していかなければなりません。単純な因果関係で分析的にとらえ、論理的に解を求めるのではなく、そのときどきの文脈のなかに入り込み、本質をとらえ、跳ぶ仮説により論理を超えた最適最善の解を導き出し、実践して次へと進む。それが物語り戦略です。

分析的戦略は静態的状況において「競争に勝つ」ことが前提ですが、VUCAワールドでは、勝ったと思ったら、他業界など思わぬところから新たな競争相手が出現し、逆転され、その戦略が効力を失うことも当然のように起きます。物語り戦略においては、常に状況の変化に対し、動態的に対処していくので、戦略に終わりはなく、企業の存在意義を追究し続けるのです。

経営講義⑤ 論理的三段論法の分析的戦略、実践的三段論法の物語り戦略

三つ目のポイントとして、分析的戦略では、導かれる解の論理的な正しさが問われるのに対し、物語り戦略では、新しい知が生まれることが求められます。

論理的三段論法と実践的三段論法の違い

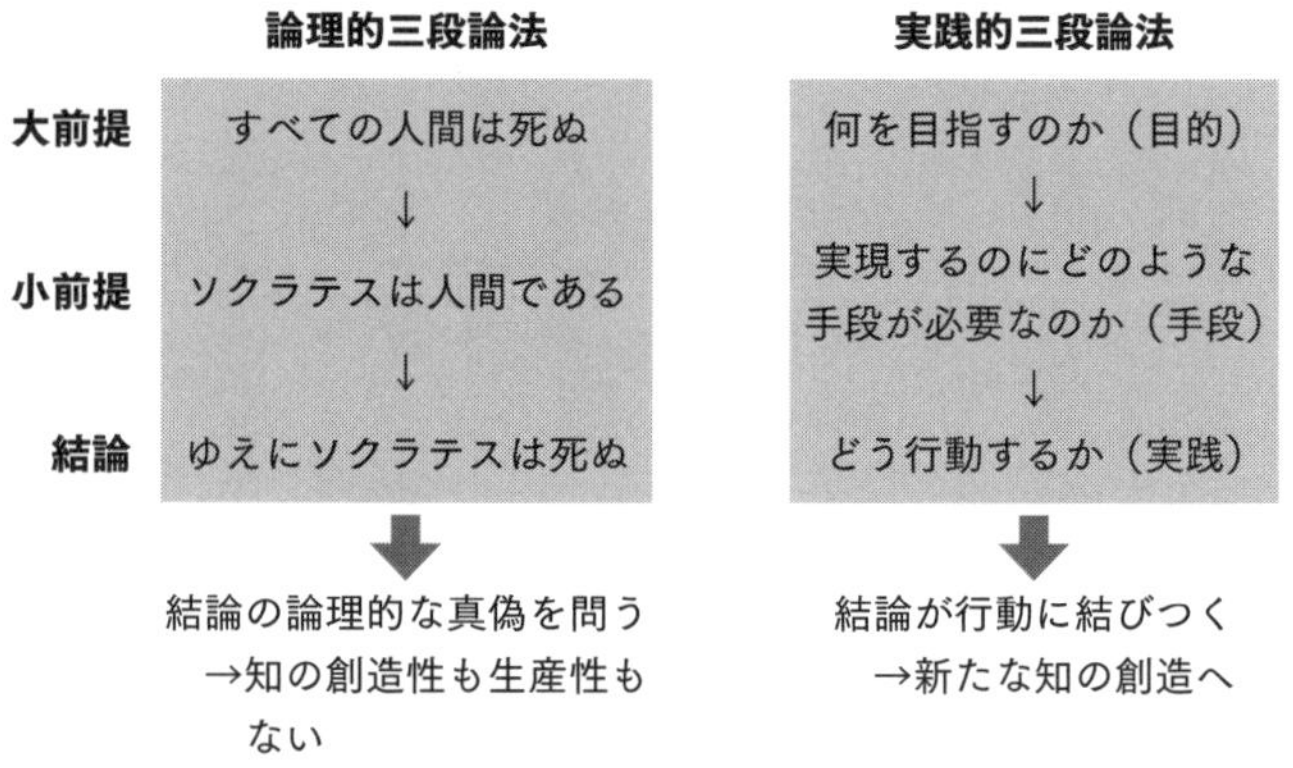
論理的三段論法
実践的三段論法
大前提
小前提
結論
すべての人間は死ぬ
↓
ソクラテスは人間である
↓
ゆえにソクラテスは死ぬ
何を目指すのか（目的）
↓
実現するのにどのような手段が必要なのか（手段）
↓
どう行動するか（実践）
結論の論理的な真偽を問う
→知の創造性も生産性もない
結論が行動に結びつく
→新たな知の創造へ

論理的に正しい解を導く分析的戦略においては、もっぱら、「A＝B（普遍的な概念）」→「B＝C（具体的な事実）」→「ゆえにA＝C（結論）」のように論理をたどっていく論理的三段論法が用いられます。

これに対し、新しい知を生む物語り戦略においては、「何を目指すのか（目的）」→「その目的を実現するのにどのような手段や方法が必要なのか（手段）」→「目的の実現のためその手段や方法を用いて行動を起こす（実践）」のように、「目的→手段→実践」とつなげていく実践的三段論法が用いられます。

つまり、さまざまな矛盾や対立関係に直面したとき、実践的三段論法により、克服するための解を導き、次へと進むのです。

これを時間軸でとらえると次のようになります。

分析的戦略は、過去および現在の所与の条件から論理的に推論し、解の論理的な正しさを問うフォアキャスト（予測）の戦略である。他方、物語り戦略は、未

物語り戦略と分析的戦略の違い

分析的戦略	物語り戦略
・「競争に勝つ」ことが前提	・企業の存在意義が前提
・静態的状態の環境が前提	・動態的状態の環境が前提
・論理的三段論法で発想する	・実践的三段論法で発想する
・過去・現在の延長線上	・未来を起点にした未来創造
・中央集権の官僚的運営	・自律分散リーダーシップによる運営
・論理と分析により構成される	・プロットとスクリプトにより構成される

来を起点に発想する。目指すべき未来像からバックキャストして（顧みて）、その都度、事象の背後にある文脈を読み取り、本質をつかむことで、過去および現在を否定的に問い直し、「こう動けばこうなる」と、いまやるべきことを考え、次々と物語りを生み出し、矛盾や対立関係を克服していくプロセスを繰り返します。未来は過去および現在の矛盾のなかにこそ組み込まれており、矛盾を克服することが未来創造につながると考えるのです。

物語り戦略の実践的三段論法において、何を目指すのかという未来像を描くには、共通善にもとづく明確な信念を持ち、「何をなぜやるのか」というＷＨＡＴとＷＨＹを徹底して追求することが求められます。同時に実現するためのＨＯＷは、あらゆる手段、方法を講じる。その意味で、物語り戦略は理想主義的プラグマティズム、もしくは、理想主義的リアリズムによって支えられるといえるでしょう。

バイオＩＯＳの開発において、分析的戦略の論理的三段論法で考えれば、「開発すべき衣料用洗剤は洗浄力など消費者が求める機能性に富んだものであるべきである」→「サステナブルな界面活性剤は消費者への訴求力が弱い」→「ゆえにサステナブルな界面活性剤は開発の対象にはならない」という結論が正しい解になります。開発に対し、社内では否定的な反応が多く、中止を求める声があがったのもそのためです。

これに対し、開発のメンバーたちは、「将来、洗剤の値段が何倍にも高騰し、日常的に洗濯を行うことが困難になる事態は回避しなければならない」→「その未来像を実現するには、長い間、原料には不向きとされてきた炭素数一六～一八の余剰な油脂から界面活性剤をつくる技術を生み出す必要がある」→「界面活性剤の基礎研究を続けてきた花王がその技術を実現するための行動を起こす」のように、実践的三段論法で物語り戦略を遂行し、新しい知を生み出していきました。

リンクルショットの開発も、論理的三段論法で考えれば、「成功に至るかどうか不明の研究はできるだけリスクを抑えるべきである」→「シワができるメカニズムについては世界中の研究者が基礎研究を行っている」→「既存の研究のなかの有力な論文をベースにしてリスクを抑える」という結論が正しい解になります。周囲のベテラン開発担当者はそうするよう助言しました。

これに対し、末延氏は、『『シワを改善できる』と胸を張っていえるようにし、多くの女性たちを幸せにするには、いちばん効果の高い医薬部外品をつくる」→「いままでにないものを生み出す以上は、邪心なくゼロからすべてを組み立てる」→「泥臭く、地道な作業であってもやるべきである」と実践的三段論法で研究を進め、史上初めて、シワができるメカニズムを解明し、医薬部外品として世に送り出していったのです。

第1章で、ホワイトヘッドという哲学者の独自の哲学を紹介しました。世界はすべてが関連し合った「プロセス（過程）」であり、常に動き続ける「イベント（event＝出来事）の連続体」である。このイベントとは、「いま、ここ」での人とモノとの関係性、すなわち、コトであり、世界はコトの連続体である。

世界はことごとく「生成発展する」ため、目を向けるべきは「モノ（substance）」そのものではなく、「コト（event）」の生成消滅するプロセスであるとしました。

物語りとは、「複数の出来事（events）を結びつけ、筋立てる（emplotting）行為」といわれます（『物語の哲学』野家啓一著より）。したがって、物語り戦略とは、まだ具現化していないが、複数の出来事を結びつけ、筋立てることで、未来に向かってこれから起きるコトのWHATとWHYとHOWを示すものであるともいえます。

分析的戦略の目的が「競争に勝つ」ことであり、勝つもしくは負ければ、それで終わるのに対し、物語り戦略の本質は未来創造にあり、未来への挑戦を絶え間なく続けるオープンエンドの人間ドラマにほかなりません。

経営講義⑥ 中央集権の官僚組織的運営の分析的戦略、自律分散リーダーシップの物語り戦略

四つ目のポイントとして、分析的戦略をとる組織においては、トップおよびその意を受けた企画部門が市場分析のデータなどをもとに戦略的計画を立案し、トップダウンで現場に実行を求めるため、中央集権の官僚組織的運営が行われます。

一方、物語り戦略を進める組織においては、現場での実践的な知恵、すなわち実践知が求められるため、自律分散的な組織運営が重要になります。

現場で個別具体のミクロの現実に直面したとき、「何がよいことなのか」という共通善を価値基準としながら、その都度、背後にある文脈や関係性を内から読み取って本質をつかみ、マクロの大局と結びつけて、適時に最適最善の判断を行い、実践する。これが典型的な実践知です。

第3章で述べたように、VUCAワールドの時代に、変化の激しい流動的な市場で事業を展開するには、価値の源泉となる知識を高速回転で創造し、柔軟な構想力と迅速な判断力、行動力を駆使する知的機動戦が求められるようになっています。

この知的機動戦において、企業の存在意義やビジョンの実現に向け、現場の人材が自らの生き方を問いつつ、自律分散的にリーダーシップを発揮し、知識創造のサイクルを高速で回しながら、そのときどきの文脈に応じて最適最善の判断をする、この実践知こそが知的機動力にほかなりません。

物語り戦略の大きな特徴は、第一線において、自律分散リーダーシップが発揮され、知的機動力が高まり、さらには全員経営が実現されることです。

バイオＩＯＳの開発においては、商品開発がスタートする以前、バイオＩＯＳの用途がまだ不明確だった時点から、マトリックス運営により、マテリアルサイエンス研究所と加工・プロセス開発研究所の現場のグループリーダーレベルの判断で、量産化のための技術の共同開発が進められました。

開発の着地点は見えていなくても、その可能性を共有して共創したことにより、ＳＤＧｓ（持続可能な開発目標）に注目が集まった二〇一九年の発売に間に合わせることができました。

リンクルショットの開発においては、一五年かけて承認にこぎ着けた開発チームへの全社的な共感の連鎖により、自律分散リーダーシップの究極の形である全員経営が実現しました。生産工場では、水を使わない製剤の製造は困難を極めましたが、開発チームの思いに応え、克服していきました。その後も「絶対欠品はさせません」と開発チームにメッセージを送り、期待に応え続けました。

販売会社のポーラでは、商品企画、販売、デザイン、宣伝の部門横断チームが発足。「最後のバトンを受け取ったアンカー」として、いちばんでゴールを切らなければならないという責任感のもと、一カ月半で全国一五〇カ所を回り、開発の苦労の数々を全国四万五〇〇〇名の販売員に伝え続けました。デザイン担当も、一五年におよぶ苦闘と栄光を「暗い宇宙を旅してついに見えた光」をイメージしたデザインで表現し、顧客に伝えようとしました。

そして、なにより最前線の販売員も顧客と向き合い、開発チームの思いを代弁して、「こういう思いで、こうやって開発した製品だからシワを改善できる」と胸を張って語ったことでしょう。全員経営の一つの典型がここにあります。

物語り戦略においては、メンバーや社員たちがその目指すべき未来像に共感し、戦略にコミットすれば、自発的かつ自律的にそれに合うように行動をとるようになる。つまり、物語り戦略はメンバーや社員の内発的動機に影響します。

このように、物語り戦略は、戦略形成そのものであると同時に、多くの場合、メンバーや社員たちに作用して、戦略的判断や戦略的行為を促すことができるという意味で、戦略形成と戦略実践とは表裏一体で補完的なのです。こうして形成・実践される戦略が物語り戦略にほかなりません。

経営講義⑦ 物語り戦略を構成する「プロット（筋書き）」と「スクリプト（行動規範）」

では、物語り戦略は、どのようにして形成されるのでしょうか。

物語り戦略は、時々刻々と変化する現実を直視し、「いま、ここ」の矛盾や対立関係をその都度、克服し、目的や目標を達成して、企業の存在意義や組織ビジョンを実現すると同時に、戦略にかかわる人々の生き方をより高次元へと高めていきます。

その目的や目標を達成するため、物語り戦略は、企業経営や取り組む事業、プロジェクトについての全体のプロット（筋書き）と、そのプロットを実現するため、メンバーや社員たちがどう判断し行動するかというスクリプト（行動規範）という二つの要素により構成され、展開されていきます。

物語りとは、「複数の出来事を結びつけ、筋立てる行為」といわれますが、物語り戦略のプロットとは、複数の出来事を関連づけて一貫した意味を与えながら物語りを生成するための筋書きです。

企業経営や事業、プロジェクトでは、プロットは多くの場合、主人公たちが先が見えないなかを突き進み、苦難を乗り越えて成長し、問題を解決して目的や目標を達成するという「ロマンス劇」の筋書きになります。

物語り戦略のプロット（筋書き）とスクリプト（行動規範）

物語り戦略

物語りのプロット（筋書き）とスクリプト（行動規範）は
表裏一体で相互補完的

プロット 物語りの筋書き （一貫性を持った出来事の 組み立てと時間の設定）		**スクリプト** 筋書きを実行する典型的な 行動規範や行動指針

プロットはわくわくし、スクリプトは腹にガツンとくる言葉でなければ、行動を呼び起こせない。

©Nonaka.I.

あるいは、主人公たちがある目的や使命の遂行のために未知の世界へと旅立ち、さまざまな試練を乗り越え、通過儀礼を経て成長し、目的を果たし帰還するという「英雄物語」の流れになります。

具体的には、「何を（ＷＨＡＴ）、なぜ（ＷＨＹ）やらなければならないのか」を物語る、企業の存在意義や組織ビジョンにもとづいた経営計画や事業計画、プロジェクトプランがプロットにあたります。

この経営計画や事業計画、プロジェクトプランを現実のものにするには、矛盾や対立関係をその都度、克服し、未来創造の方法論としての戦略を実行するため、「どのようにやるか（ＨＯＷ）」という戦略的判断や戦略的行為が必要となります。その判断や行為の規範を示すのがスクリプトです。

スクリプトは一般的には「脚本、台本」と訳されます。演劇の主人公が場面、場面において脚本にしたがって演技するのと同じように、スクリプトは蓄積した経験やパターン認識にもとづいて、無意識のうちに心と身体に刷り込まれている思考や行動にまつわるルールのようなものを指します。つまり、ある特定の文脈や状況において、「こういう場合はこうする」と暗黙知となった行動規範を意味します。

スクリプトは特に、困難な課題に直面したとき、重要な意味を持ちます。

バイオＩＯＳの研究開発の場合、プロットは、将来、洗剤の値段が高騰して日常的に洗濯を行うことが困難になる事態を避けるよう、水に溶けにくいことから界面活性剤には不向きとされてきたが、用途が限られ余剰となった資源から界面活性剤をつくり、資源不足問題に解決の道を開くという筋書きです。

困難をともなったバイオＩＯＳの研究開発において、花王ならではの特質が見えるのは、「中興の祖」である丸田芳郎氏の言葉が研究者にとってスクリプトとなって、その行動を後押ししたことです。

丸田氏は化学者であると同時に、「消費者への奉仕」「人間平等」「英知の結集」を唱えたように、哲学者の顔もあわせ持っていました。坂井氏が、開発のアクセルを踏むべきかどうか迷い、壁に突き当たったとき、「科学的なデータをもとに正しいとわかっていることで戦え」という丸田氏の言葉が、「一度やると決めた以上は原点に戻って正しいとわかるまでやる」という行動規範となりました。

坂井氏はまた、「よきモノづくりをとおして人々の豊かな生活文化の実現に貢献する」という、花王ウェイにも使命として取り入れられている創業の精神を常に意識しました。これもスクリプトです。

花王には、「生体機能的組織」といって、人間の身体の各器官が一つの刺激によってすばやく自律的に反応するように、企業運営に関しても、社員たちが同様に状況の把握から意思決定までの間隔を短くし、柔軟かつ機敏にクイックレスポンス、クイックアクションを起こして、一人ひとりが知的機動力を高めていくことを求めます。

バイオＩＯＳの用途がまだ不明確だった時点で、マテリアルサイエンス研究所と加工・プロセス開発研究所が現場リーダーレベルの判断により、いち早く量産化の技術開発を開始し、前者の堀氏と後者の藤岡氏が一緒に走り出したのは、まさに、生体機能的組織のあり方です。

偉大な経営者の語録や経営理念、独自の組織運営の考え方が社員のなかにスクリプトとして埋め込まれている企業は、困難を克服し、不可能をも可能にしうることを花王は示しています。

経営講義⑧ リーダーが自らスクリプトを示すと「師弟関係」が生まれる

一方、開発チームのリーダーが、メンバーたちに対し、自らスクリプトを示したのがリンクルショットのケースです。

このケースのプロットは、いかにリスクが高くても、シワができるメカニズムをゼロから解明し、有効成分を見つけ出し、いちばん効果の高い医薬部外品を開発し、承認を得て、ポーラの誰もが「シワが改善できる」と胸を張っていえるようにし、多くの女性を幸せにするという筋書きでした。

気の遠くなるような、泥臭く地道な作業、次々と立ちはだかる壁、予期せぬ障害、何度も「中止」を求める社内の声……と、多くの困難が押し寄せるなかで、研究開発をあきらめずに進めるため、リーダーの末延氏がメンバーたちに示したのは、「確認や検証に時間と努力を惜しまない」「想定しうるあらゆるリスクに準備する」「その結果、納得できる結論に到達したらリスクを恐れず、反対されても妥協しない」「最後までやり抜く」という行動規範でした。

「悪魔のように細心に、天使のように大胆に」とは、映画監督の黒澤明の名言ですが、確認と検証とリスクへの準備は徹底して細心に行うが、結論に至ったら妥協を排して大胆に実行し、最後までやり抜く。リンクルショットの開発におけるスクリプトはこの言葉を想起させます。

特に注目したいのは、リーダーである末延氏が手本となって自らの行動でスクリプトを示したことでした。末延氏は時間と努力を惜しまない。やると決めたことは上からの中止の声を抑えて最後までやり抜く。メンバーたちはその姿勢から多くのことを学んでいきました。

分析的戦略において、トップおよび企画部門が策定した計画や施策の実行を求められる現場においては、仕事はマニュアル化が可能です。しかし、物語り戦略において、メンバー一人ひとりが文脈に応じて、その都度、最善最適の判断を行い、実行する実践知はマニュアル化が不可能です。身につけるには、共振・共感・共鳴で結ばれた優れたリーダーの判断能力と実行力を手本にし、共体験するしかなく、ここに新しい形の「徒弟制」が必要になります。

末延さんが示したスクリプトのなかでも印象的なのは、「やり抜く力」です。

人が働こうとするときの意思決定などの社会的テーマの研究でノーベル経済学賞を受賞した米シカゴ大学のジェームズ・ヘックマン教授らの研究によると、人の知的能力は、知能検査で測れる「認知スキル（cognitive skills）」と、個人的な気質や資質に関係した「非認知スキル（non cognitive skills）」とがあるといいます。そして、二種類のスキルのなかでも、真面目さ、前向きさ、ねばり強さ、忍耐力といった潜在的能力に結びつく非認知スキルが重要であるとされます。

また、人がよい生き方や充実した活動を行うことができるための条件などを研究するポジティブ心理学の創始者の一人、米ミシガン大学のクリストファー・ピーターソン教授は、非認知スキルについて、人生の満足度や達成度に特に深くかかわるものとして、次の七項目をあげています。

- やり抜く力（Grit）
- 自制心（Self-control）

● 意欲（Zest）
● 社会的知性（Social Intelligence＝人間関係のダイナミックスを悟り、異なる社会状況にすばやく適応する能力）
● 感謝の気持ち（Gratitude）
● 楽観主義（Optimism）
● 好奇心（Curiosity）

（『成功する子　失敗する子』ポール・タフ著　高山真由美訳　英知出版より）

この七項目はすべて、リンクルショットの開発チームにあてはまります。ヘックマンらの研究によれば、こうした非認知スキルは手本となる師の個別指導や助言を受け、その人格に感化されながら学びとるもので、「よい習慣」の方法によって伸ばすことができるとされます。すなわち、徒弟制です。

徒弟制はアメリカでも再評価されています。世界的経営コンサルタント、ラム・チャランがGEやP&Gなどの優良企業で幹部候補がいかに育成されてきたかを調べたところ、すべて「アプレンティスシップ（apprenticeship＝徒弟制）モデル」だったといいます。

チャランはキャリア形成を同心円（コンセントリック）にたとえました。外側にいくにつれ仕事の領域と難易度が増します。上司は部下に本人のキャパシティ以上の試練を与える。部下は実践し、メンター（助言者、指導者＝上司）からフィードバックを受け、自己修正するという

「意識的練習」により、より広範囲で困難な仕事に挑戦し、コア能力を拡大していく。これを「コンセントリック・ラーニング」と呼び、徒弟制モデルにおけるリーダーシップ開発のあり方としました。

リンクルショットの開発チームも、リーダーの末延さんから、数日かけた実験データにたった五分でダメ出しされるなど試練を与えられながら、あるいは、研究に没頭して視野が狭くなれば柔軟な視点を持つよう指導されながら、「二軍チーム」から「優秀な人材の集合体」へと変身していったのです。

物語り戦略において、自ら提示するプロットについて、メンバーと共振・共感・共鳴で結ばれたリーダーは、自らが手本となってスクリプトを示すことで成果を導くことができると同時に、メンバーたちの実践知を育むこともできるのです。

経営講義⑨ なぜ、「物語」でなく「物語り」なのか

本章の最後に、物語り戦略では、「物語」という名詞形ではなく、「物語り」という動詞形を使う理由について触れておきましょう。

末延さんは、研究開発をゼロの状態からスタートさせて、医薬部外品としての承認、そして、販売に至るプロセスを「ストーリー」と呼んでいます。一方、物語り戦略を英語で表現す

ると、「ナラティブ・ストラテジー（Narrative Strategy）」となります。つまり、「物語」がストーリー（Story）であるのに対し、「物語り」はナラティブと表現されます。

知識創造理論では、「物語（ストーリー）」は複数の出来事（WHAT）を並べて記述したものであり、「物語り（ナラティブ）」は複数の出来事（WHAT）の間の相関関係（WHY）に即して語るものであると、分けて考えます。

たとえば、「王様が死んだ。それから王妃は病気になった。そして、亡くなった」はストーリーです。一方、ナラティブでは、「王様が死んだ。夫と暮らす日々が生きがいであった王妃は最愛の夫を亡くした悲しみから生きる気力が失せたのか、病に伏せるようになり、やがて永久の愛を求めるかのように夫の待つ天へと旅立っていった」と物語ります。

一般的には、文の長短の違いはありますが、どちらもストーリーと称するでしょう。なぜ、ストーリーとナラティブとを分けて考えるのか。それは、物語り戦略において、WHAT（何）と同時に、「なぜ、それをやるのか」「なぜ、そうであるのか」「なぜ、そうなのか」というWHY（なぜ）がきわめて重要な意味を持つことを明確に示すためです。

なぜなら、WHYにこそ、当事者の主観や直観が表れ、WHYこそが人々の共感の源泉となり、物語りのプロットの軸となり、人々の行動のスクリプトにも結びつくと考えられるからです。

末延さんが「ストーリー」と呼んでいるもののなかには、リーダーおよびメンバーたちの主観（思い）や価値観、さらには本質直観が内包されており、物語り戦略（ナラティブ・ストラテジー）以外の何ものでもありません。

ではなぜ、「物語り」という動詞形を使うのか。物語り戦略においては、戦略の形成と実践とは表裏一体で相互補完的であると述べました。

すなわち、リーダーがプロットを提示し、さらにはスクリプトを示すことにより、つまり、戦略を「物語る」ことにより、常に変化する現実のただなかで、「いま、ここ」の矛盾や対立関係を克服するため、メンバーたちの戦略的判断や戦略的行為を促し、実践を後押しします。物語り戦略は、リーダーの「物語る」行為があって成り立ちます。その意味でナラティブをストーリーという言葉を使って表すなら、「ストーリーテリング（Story Telling）」となるでしょう。

分析的戦略においては、市場分析的なデータや数字から戦略が導かれます。「AだからB→BだからC→CだからD」のように論理をたぐって結論が出されます。そこで問われるのは、A、B、C、Dの各出来事の間の論理的な因果関係の正しさであり、そこにあるのは、人間が介在しないサイエンスの世界です。

一方、物語り戦略においては、リーダーはメンターたちに対し、あらゆる局面において、自らの主観や価値観、本質直観にもとづく戦略を「物語り」続けます。そこにあるのは、人間中心のアートの世界です。

もちろん、物語り戦略においても、戦略の形成や実践においては、論理分析的視点も必要になります。たとえば、事業化や製品化のフェーズで「一円でも安いコストで高い品質を実現し利益を確保する」といった場面では、データや数字にもとづく分析的視点も重要になるでしょう。

アートとサイエンスはどちらか一方の二項対立ではなく、サイエンスで超えられない壁をアートで突破し、アートだけでは出てこない解をサイエンスで求めるという具合に相互補完的であり、ダイナミックな二項動態の関係にあります。

物語り戦略はアートとサイエンスの綜合です。サイエンスでは誰が考えても同じ解が出るのに対し、アートではリーダーの発想力が成否を分けます。だからこそ、リーダーには共感、本質直観、跳ぶ仮説というアートの力がより求められるのです。

第5章

共感型リーダーに求められる「未来構想力」

経営講義① 物語り戦略のリーダーに求められるのは「未来構想力」である

序章から第4章まで、共感経営のあり方と、共感経営を推進するための物語り戦略について述べてきました。

共感を起点とし、ものごとの本質を直観するなかで跳ぶ仮説を導き出し、イノベーションを起こす。そのプロセスにおいても、さまざまな局面で共感が介在し、共感の力がドライブになり、推進力となって、論理だけでは動かせないものを動かす、あるいは、分析だけでは到達できないゴールに到達する。

共感経営は人間と人間との間の共感がベースですが、対象がモノであって、モノと全身全霊で向き合ってアクチュアリティの世界に入り込み、物我一体の境地でそのモノになりきり、モノがコトになるとそこに共感的な世界が生まれることも、本田宗一郎のバイクを見る視線やはやぶさの事例などで示しました。

本質を直観するなかで導き出された跳ぶ仮説が目指すのは、これまでとは違った新しい未来であり、過去や現在とは非連続な未来です。それは、物語り戦略によって初めて実現されます。

とすると、共感経営を推進し、物語り戦略を遂行する共感型リーダーに求められる資質が浮かび上がります。それは、過去・現在・未来という歴史の流れのなかで、共感を原動力として、未来に向かって新しい歴史を構想する力です。歴史のなかに身を置きながら、事象の背後にある文脈を読み解き、論理分析では導くことのできない新しい未来を思い描く歴史的構想力、いわば、「未来構想力」ともいうべきものです。

古今東西の多くの共感型の名リーダーは、未来構想力に優れていました。日本における代表的な例を紹介しましょう。

経営講義② 共感型の名経営者に「未来構想力」を学ぶ

ファーストリテイリング　柳井正会長兼社長

一人目は、ファーストリテイリング（FR）の柳井正会長兼社長です。柳井氏は早稲田大学を卒業後、総合スーパーのジャスコ（現・イオン）に一〇カ月ほど勤めた後、一九七二年、父親が創業し、メンズショップを出店していた小郡商事に後継として入社すると、二〇代半ばで経営を任され、アパレル産業に従事します。

柳井氏はアメリカへ視察に出かけた際、大学生協に立ち寄りました。学生がほしいものをすぐにでも手に入れられるような品揃えとセルフサービスに目を引かれます。「売らんかなという商業的な臭いがしないし、買う側の立場で店作りがされている」と感じた柳井さんは、「本屋やレコード店と同じようにすーっと入れて、欲しいものが見つからないときは気軽に出て行ける。こんな形でカジュアルウェアの販売をやったらおもしろいのではないか」と、カジュアルウェア販売の本来あるべき姿を直観します（柳井正著『一勝九敗』より）。

つまり、セルフサービスは、従来、売り手側のコスト削減が目的とされてきたのに対し、柳井氏は顧客の視点に立ち、顧客に共感するなかで直観し、セルフセービスを新たに意味づけ、価値づけし、「お客様の要望としてのセルフサービス」こそが理想のあり方であるという跳ぶ仮説を導き、これを「ヘルプ・ユアセルフ方式」という概念で示しました。

そして、一九八四年、「低価格のカジュアルウェアが週刊誌のように気軽に、セルフサービスで買える店」「顧客が自由に選べる環境をつくる」をコンセプトに、広島市でユニクロ一号店をオープンします。キャッチフレーズの「衣・飾・自由」には、柳井氏の基本的なコンセプトが込められていました。

ユニクロ一号店は、店内の通路がまっすぐ幅広くとられ、天井はコンクリートの軀体むき出しのまま高くして空間を広くし、店内ではいつも商品が整然と並べられて適時に補充され、販売員は挨拶は徹底するが接客はせず、顧客から質問されたり依頼されたときにだけ適切な対応を行う。また販売員は作業がしやすいようにエプロンを着け、誰が販売員かすぐわかるようにする。

すべてが既存のファッション専門店にはなかったことで、「買う人の立場で店をつくる」という視点が徹底され、「買いたくなる店」＝「よく売れる店」という考え方が貫かれていました。

また扱う商品も、ファッション至上主義やトレンド追随から脱し、対象顧客をノンエイジ、ユニセックスとし、男女の別なく、いつでも誰でもどこでも自由に着られるベーシックな商品に重点を置きました。まさにカジュアルウェア販売のイノベーションでした。

こうしてユニクロ誕生の経緯をなぞってみると、顧客への共感から始まり、本質直観を経て、「お客様の要望としてのセルフサービス」という跳ぶ仮説によって、「低価格のカジュアルウェアが週刊誌のように気軽に、セルフサービスで買える店」「顧客が自由に選べる環境をつくる」というコンセプトが生まれ、アパレル産業に新しい未来を創造したことがわかります。

このユニクロ誕生の経緯は、ユニクロが柳井氏の未来構想力によって生まれたこと、そして、分析的戦略ではなく、物語り戦略を進んだことを示します。

二〇代半ばで小郡商事の経営を任されたとき、柳井氏は旧態依然とした店の現状を見て、改革に着手した際、六人いた従業員が次々辞め、一人しか残らなくなっても、改革の手は緩めず、ＦＲの基礎を築きます。

また、柳井氏は経営を任されて数年たった三〇歳のころから、「どういう会社にしたいのか」という企業の存在意義と、「どういう人たちと一緒に仕事をしたいのか」という求める人材像を明確に示すため、物語り戦略にとって不可欠な「経営理念」づくりにも着手していました。

「第一条　顧客の要望に応え、顧客を創造する経営」「第二条　良いアイデアを実行し、世の中を動かし、社会を変革し、社会に貢献する経営」から始まる経営理念は当初は七条くらいでしたが、次々追加されてユニクロ一号店オープンのころは一七条になり、現在は二三条からなります。

柳井氏はアメリカの多国籍企業の元経営者ハロルド・ジェニーン氏の経営回顧録『プロフェッショナルマネジャー』を「最高の教科書」として、表紙がボロボロになるまで線を引きつつ読み返しました。なかでももっとも影響を受けたのが次のような「逆算の経営論」でした。「本を読む時は、初めから終わりへと読む。ビジネスの経営はそれとは逆だ。終わりから始めて、そこへ到達するためにできる限りのことをするのだ」。まず目標を設定し、そこからさかのぼってやるべきことを決め、着実に実行する。逆算の経営論とは、実践的三段論法そのものでした。ユニクロは、柳井氏の自分が「正しい」と信じるやり方を貫く生き方やFRとしての存在意義に根ざした物語り戦略により生まれたのです。

この物語り戦略においては、「顧客が自由に選べる環境をつくる」という基本コンセプトそのものがプロットを端的に示します。FRの経営理念は、このプロットを実現するための社員にとってのスクリプトも提示します。

「唯一、顧客との直接接点が商品と売場であることを徹底認識した、商品・売場中心の経営」

「一貫性のある長期ビジョンを全員で共有し、正しいこと、小さいこと、基本を確実に行い、正しい方向で忍耐強く最後まで努力する経営」「社員ひとりひとりが自活し、自省し、柔軟な組織の中で個人ひとりひとりの尊重とチームワークを最重視する経営」……等々。

そのスクリプトにおいて、柳井氏が特に求めたのは、社員一人ひとりが「自分が経営者」の意識を持って、自律的、主体的に仕事に取り組む全員経営のあり方でした。

柳井氏の物語り戦略において着目すべきは、企業の成長とともに、基本的なプロットを下敷きにしながら、プロットがより高次元へと進化していったことです。

日本を代表するアパレル企業として海外進出を進め、国際的大企業となったＦＲは、グループ全体の企業理念として「ＦＲ　ＷＡＹ」を策定し、「服を変え、常識を変え、世界を変えていく」という組織ビジョンを中心のステートメントに据えました。

ＦＲのつくる「本当によい服」「今までにない新しい価値を持つ服」を世界中のあらゆる人々に提供することで、誰もが日々の生活を少しでもより楽しく、よりよくすることができれば、世界をよい方向に変えていくことができると真剣に考える。この組織ビジョンを実現するため、「世界一のアパレル企業」を目指すというプロットです。

プロットの進化にともない、スクリプトにも「世界中の全社員が経営者マインドを持ち、最高の経営、最高の商品・サービス、最高の店舗運営を実現すれば、世界一のアパレル製造小売業になれる」として世界一を目指す意識が強く打ち出され、それを「グローバルワン・全員経営」というキャッチフレーズで表現しました。

「目標がどんなに高くても〝できない理由〟ではなく、〝できる理由〟を考え、着々と実行する」のが柳井流の経営の基本であり、特に現場の店長には、「論理的分析的なサイエンスの能力と同時に、直観的に肌感覚でニーズをつかむアートの能力も求める」と柳井氏は語ります。

ＦＲも、日本における物語り戦略の代表的企業といえるでしょう。


セブン-イレブン・ジャパン　鈴木敏文元会長兼CEO（現・セブン&アイホールディングス名誉顧問）

ＦＲは、小売業が製造分野まで踏み込んで、自社のオリジナル商品を開発・販売して、製造から小売まで一貫して手がけるＳＰＡ（製造小売業）の業態です。このモデルになったのがセブン－イレブンのオリジナル商品の開発です。

本部の商品開発部門がベンダーと呼ばれるメーカーとチームを組んで、主にファストフード類のオリジナル商品を開発するという製造小売業を日本でいち早く導入したのがセブン－イレブンでした。

それは草創期に、セブン－イレブンの創業者である鈴木敏文元会長兼ＣＥＯ（現・セブン＆アイホールディングス名誉顧問）が、弁当やおにぎりなど日本型のファストフードが必要と判断したことから始まったものでした。

このセブン－イレブンも創業から現在に至るまで物語り戦略を遂行している企業であり、鈴木氏も未来構想力に優れた共感型リーダーの代表格です。

セブン－イレブンの創業の経緯を簡単になぞってみましょう。

一九六〇年代後半になると、スーパー業界は新規出店のたびに地元商店街から出店反対運動を受けるようになり、イトーヨーカ堂の取締役だった鈴木氏も交渉の矢面に立つことになりました。商店街の衰退について、誰もが「大は小に勝つ」という高度成長期の論理と経験則をあてはめ、大型店の進出が原因であると考えていました。分析的に考えれば、それ以外の原因は考えられませんでした。

これに対し、ヨーカ堂で人事部門を担当し、また販促担当としても店頭に立ち、「これからは必ずしも安い商品を並べれば売れる時代ではなくなる」と市場の変化を肌で感じ取っていた鈴木氏は、小型店の凋落の原因について、外から傍観するのではなく、文脈に入り込んで内からとらえ、「凋落の本質的な原因は、大型店の進出ではなく、労働生産性と商品の価値の低さにあるのではないか」ととらえ、「両方を高めれば経営が成り立ち、むしろ大型店との共存共栄が可能になる」という跳ぶ仮説を導き出し、その方法を探り始めます。

そして、出張先のアメリカでたまたま休憩のため道路脇のセブン－イレブンに立ち寄り、帰国後、運営するサウスランド社が全米で四〇〇〇店のチェーンを展開する超優良企業であることを知り、そのノウハウに小型店と大型店との共存共栄のカギがあると見た鈴木氏は、日本でのセブン－イレブンの創業を決断します。

業界関係者からも、学者からも、社内の幹部からも「日本では小型店が成り立つわけない」と否定論の大合唱がわき上がるなかで、一九七三年にセブン－イレブン・ジャパンを社内起業し、翌七四年、一号店をオープンします。この創業は、大型店の役員の立場でありながら、小型店の凋落を傍観せず、「どうすれば小型店の経営が成り立ち、大型店と共存共栄ができるのか」という共感を起点とし、小型店の新しい未来を創造するという鈴木氏の未来構想力が後押ししたものであり、物語り戦略そのものでした。

この時点では、物語りのプロットは「日本初の本格的コンビニエンスストアチェーンをつくり上げ、小型店でも大型店との共存共栄が可能であることを証明する」ことであり、また、スクリプトはサウスランド社の持つ経営ノウハウにもとづくものになるはずでした。

しかし、不確実性が高く、先行き不透明ななかでの創業であったため、プロットも、スクリプトも以降、予想外の事態に直面しながら随時修正を余儀なくされていきます。

難交渉の末、開示された経営ノウハウは、店舗運営の初心者向け入門書のような内容ばかりで、どこを訳しても求めていた経営ノウハウはなく、日本では通用しないものでした。

反対された事業にヨーカ堂の社員を投入するわけにいかないと、新聞広告で募集して採用した社員はほとんどが小売業の経験がありませんでした。ここで、プロットに「素人が自分たちで日本初の本格的なコンビニエンスストアチェーンをゼロからつくり上げる」ことが加わります。

　それとともに、社員たちは、旧態依然とした商慣習や業界慣行が定着しているなかで、「目指す目標目的を実現する方法がなければ自分たちで方法を考えて道を切り拓き、必要な条件が揃っていなければ、その条件そのものを変えていく」という行動規範を否応なく求められることになったのです。

　一号店開店から二年後、総店舗数が一〇〇店に到達したときのことです。鈴木氏はホテルで開いた記念式典で挨拶に立つと苦難の日々がよみがえって感きわまり、言葉につまって涙を流します。その苦難の日々を支えたのは、自身の未来構想力でした。鈴木氏が仕事で涙を流したことは、あとにも先にもこのとき以外ありません。


　セブン－イレブンの草創期における物語り戦略の主たる登場人物は、流通や物流の仕組みを変え、チェーン展開の基盤をつくり上げていく本部社員たちでした。次いで一九八〇年代、草創期から成長期に入り、鈴木氏によって日本初の本格的ＰＯＳ（販売時点情報管理）システムが全店導入され、店舗運営の情報システムが整備されるようになると、セブン－イレブンの物語り戦略のプロットとスクリプトは新たなフェーズを迎えます。

　各店舗では、明日の天候、温度、地域の行事予定など、多様な先行情報から顧客の心理を読み、顧客の立場で考え、顧客と共感しながら、単品ごとに明日の売れ筋商品の仮説を立て、発注し、結果をＰＯＳで検証する。単品管理といって、仮説と検証を繰り返し、欠品による機会ロスと売れ残りによる廃棄ロスを最小化する。鈴木氏はこれを単品管理と呼び、各店舗のオーナーからパート・アルバイトのスタッフまで、その実行を徹底させました。

売れた商品の過去の実績を分析して発注する分析的な発注ではなく、顧客への共感をベースに、明日の顧客ニーズを起点に今日発注する商品を判断するという物語り戦略的な発注を行う。その主役を担うのは、各店舗のオーナーおよびパート・アルバイトのスタッフです。

この単品管理の徹底により、各店舗では、「顧客が求める商品を、顧客が求めるときに、顧客が求めるだけ提供する」ことが日々の物語りのプロットとなり、「常に顧客の立場で、未来を起点に考え、仮説・検証を繰り返す」ことがオーナーおよびパート・アルバイトのスタッフにとってのスクリプトになる。このプロットとスクリプトにより、「セブン－イレブンでアルバイトをすると、学生も三カ月で経営学を語り始める」といわれるようになるのです。

このプロットとスクリプトは、店舗運営だけでなく、本部側の商品開発をはじめ、セブン－イレブンの経営のすべてに適用され、以降の成長と発展を支えていきました。

その発展が踊り場に差しかかったのは二〇〇〇年代半ばでした。コンビニ業界は既存店売上高の前年割れが相次ぎ、マスコミだけでなく、同業他社のトップも「市場飽和説」を唱えました。数値データによる分析だけを見ればそう見えたかもしれません。

これに対し、未来を起点に発想し、常に顧客の立場で考え、市場を内から見る視点を持つ鈴木氏は、市場の変化に対応していけば、市場飽和はありえないと唱え続けました。

そして、少子高齢化や女性就業率の増加という市場の変化に対応し、コンビニエンスストアの新しい未来像を創造するため、「顧客が求める商品を、顧客が求めるときに、顧客が求めるだけ提供する」という基本は維持しながらも、プロットに修正を加えます。

二〇〇九年秋、「いまの時代に求められる『近くて便利』」をコンセプトに、店舗での品揃えの大幅な見直しに着手。従来は、弁当やおにぎりなど、即食性の高い商品が主力だったのに対し、惣菜メニューに注力し、高齢者世帯や仕事を持つ女性を対象に、「少し先のスーパーまで買い物に行かなくても、家の近くのコンビニで買い物がすむよう、食事づくりの手間や煩わしさへの解決策を提供する」というプロットを上書きしたのです。

「開いててよかった」のタイムコンビニエンスの利便性からミールソリューションへ。鈴木氏の未来構想力が導いた跳ぶ仮説は、見事的中して既存店売上高は上昇に転じ、以降、市場飽和を説いていた同業他社も同じ路線を追随するようになります。

このミールソリューションにおいて重要な役割を果たしたのがセブン&アイグループのプライベートブランド（PB）商品の「セブンプレミアム」でした。

グループ企業で東北・北関東地域でスーパーを展開するヨークベニマルから、「競合相手への対抗上、ＰＢ商品を開発したい」と提案されたのがＰＢ開発のきっかけでした。

流通のＰＢ商品は従来、「メーカーのナショナルブランド（ＮＢ）より低価格」というポジショニングが常識でしたが、未来を起点に顧客の立場で考える鈴木氏は「低価格を優先するのではなく、質を徹底して追求するように」「グループ内のどの業態であっても同じ値段で販売するように。お客様が価値ある商品と認めればどの業態でも買う」と、社内の反対を抑えて指示します。

結果、二〇〇七年に発売されたセブンプレミアムは大ヒットし、年間総売上高はいまでは一兆四〇〇〇億円（二〇一八年度）に達するに至るのです。


ＦＲやセブン－イレブンの創業から現在に至る流れをなぞってみると、物語り戦略におけるプロットおよびスクリプトは必ずしも一定ではなく、そのときの状況によって、変化し、進化することがわかります。

ロンドン大学教授で、大著『戦略の世界史　戦争・政治・ビジネス』上・下　日本経済新聞出版社　二〇一八年）を著したローレンス・フリードマンという世界的な国際政治学者がいます。フリードマンによれば、戦略とはいわば、ソープオペラ（主に主婦向けの昼帯ドラマ）のような物語りだと主張しています。

ソープオペラは番組が進むにつれて登場人物が頻繁に入れ替わり、プロットも大きく変化します。演劇や映画とは異なり、ある定まった終わりに達することを前提に構成されていないため、エンディングが決まっていません。

経営における不確実性や動態的特性は、このソープオペラと本質的に同じです。戦略を実行していく過程では、状況がいつ、どこで、どのように変わるかが明確でなく、絶えず変化する状況に対応し、対処していかなければなりません。

企業経営はまさに、「いま、ここ」の積み重ねであり、定まった終わりがあるわけでもなければ、エンディングも決まっていない。オープンエンドの連続ドラマともいえる物語り戦略こそが不確実で予測不能な環境下で企業革新を行い、成長を実現するうえで有効である所以がここにあります。状況をコントロールするための手段であるポジショニング理論では、変化への対応、対処はできません。

コンビニ業界は現在、人手不足から二四時間営業を見直す動きが始まり、マスコミでは「二四時間モデル限界説」が流れています。二四時間営業は「いつ行っても店が開いている安心感」から顧客のロイヤリティ（継続して利用しようとする度合い）が高まるという、顧客心理にもとづく経営モデルとして鈴木氏が推進したものでした。その鈴木氏は二〇一六年、退任。現経営陣には、コンビニの新しいプロットを描けるか、未来構想力が問われるところです。

富士フイルムホールディングス　古森重隆会長兼CEO

かつて、世界の写真フィルム市場で一、二位を競った米コダックと富士フイルム。市場の急収縮による本業消失の危機という同じ状況に直面しながら、一方はアメリカ流の分析的戦略、もう一方は物語り戦略と対照的な戦略をとりました。

コダックは株主利益優先の短期的なROE（自己資本利益率）志向に傾き、過去の知的財産（特許）で稼ぎ、そのために法律で戦うという防御戦略を選びます。それは市場構造の分析にもとづく分析的戦略によるものでした。イノベーションにはアナログ技術が必要ですが、モノづくりから離れ、アナログ技術が弱体化したコダックはデジタル化への変化対応が後手に回り、二〇一二年に倒産します。

これに対し、富士フイルムは「自分たちはどうあるべきか」と自らの存在意義を物語りながら、新たな道を切り拓き、再び成長軌道に乗せるという物語り戦略をとりました。これを主導したのが古森重隆会長兼CEOでした。

古森氏が社長に就任した二〇〇〇年、写真事業は富士フイルムの売り上げの六割、利益の三分の二を占めていました。この年、世界の写真フィルム市場はピークを打ち、以降、デジタル化の波が押し寄せ、年二〇～三〇パーセントという勢いで需要が世界規模で急落。市場消滅という未曾有の危機に直面します。

二〇〇三年にCEOとなり、経営の最終権限を持った古森氏の念頭に浮かんだのは、「これから会社はどうなるのだろうか」という不安で動揺する全世界七万人を超す社員とその家族の人生でした。

ここで古森氏は岐路に立たされます。ただ会社を生き延びさせるのであれば、不採算事業をどんどん切り離していけばいい。しかし、古森氏にはその選択肢はまったくなく、本業消失の危機に瀕している自社について、「富士フイルムを二一世紀を通してリーディングカンパニーとして存続させる」という、コダックとは対照的な跳ぶ仮説を打ち立てます。それは、古森氏が不安を抱く社員たちと共感するなかで、これまで世界のリーディングカンパニーとして写真文化を支えてきた富士フイルムという会社の本質を見抜き、その未来構想力により導き出されたものでした。

そして、二〇〇四年、創立七五周年を迎える二〇〇九年までの中期経営計画「VISION75」のなかで、古森氏は「徹底した構造改革」「新たな成長戦略」「連結経営の強化」という三つの基本方針を示し、それを実現するためには、「社員のパワーアップ・活性化」が絶対に欠かせないと強調し、社員に対して次のような「檄」を飛ばして奮起を促したのです。

「現状をトヨタにたとえれば、自動車がなくなるようなものだ。新日鉄にたとえれば、鉄がなくなるようなものだ。写真フィルムの需要がどんどんなくなっている今、我々は、まさにそうした事態に直面している。しかし、この事態に真正面から対処しなければならない」(『魂の経営』古森重隆著　東洋経済新報社　二〇一三年)

富士フイルム再生の物語り戦略は次のように展開していきます。

古森氏は、自社の強みである技術や研究成果を組み合わせ、蓄積された知識や知恵を再活用し、全社員の衆知を結集して新しい製品・サービスを生み出せば、新たな成長戦略を描けるという戦略的物語りを社員に向けて発信します。

同業他社が分析的戦略からフィルム事業からの完全撤退を発表したときも、「人間の喜びも悲しみも愛も感動も全てを表現する写真は、人間にとってなくてはならないもの」であり、「写真文化を守り育てることが弊社の使命である」と宣言。従来、映像の世界にいた自社のあり方を「人々のクオリティ・オブ・ライフのさらなる向上への寄与」へと広げて再定義し、デジタル化と新規事業開拓による「第二の創業」という共感を呼ぶスローガンを掲げるのです。

この未来構想の戦略的物語りは、主人公たちが苦難を乗り越えて成長し、新天地を切り拓き、多くの問題を解決して目標を達成し、失地回復を図らんとするロマンス劇のプロットそのものでした。

また、古森氏は独自の経営論の実践者として知られます。仕事の成果はその人の人間力の総和であるとする「ビジネス五体論」。頭、五感、足腰の強さ、腹の据え方……等々、五体すべてを動員する。なかでも胸（ハート）、すなわち、人に対する共感や相手を受け入れる心をもっとも重視する。そして、机上で考えるのではなく、現場で直観を働かせて本質をつかむ知の作法を「マッスル・インテリジェンス」と呼んで、その実践を求めます。

また、マネジメントでは一般的に、ＰＤＣＡ（Plan-Do-Check-Action）のサイクルが多用されますが、ＰＤＣＡが物語り戦略を遂行するための知的機動戦には不向きであると第3章で述べました。古森氏は第一線の社員一人ひとりが自律的にＰ（Plan）を見いだせるよう、Ｐの前段階として、Ｓｅｅ（見る）とＴｈｉｎｋ（考える）のステップを置いて、「Ｓｅｅ－Ｔｈｉｎｋ－ＰＤ」のサイクルを提起します。

すなわち、客体を対象化して外から分析するのではなく、客体に共感し、同じ文脈に入り込んで五感で感じ取って、現実をアクチュアルにとらえ、ＷＨＡＴ（何が）、ＷＨＹ（なぜに）を問い、本質を見抜くことを求めるのです。

この古森経営学の真髄は、「第二の創業」に向けた富士フイルムの物語り戦略におけるスクリプトを示すものでした。

このプロットとスクリプトによる具体的な取り組みの例を二つあげましょう。どちらも著者らが取材した事例です。

富士フイルムのインスタントカメラ「・ｉｎｓｔａｘ」、通称チェキ。一九九八年に発売され、女子高生を中心に人気を博し、二〇〇二年には年間販売台数一〇〇万台を記録します。ところが、カメラ付き携帯電話の普及とともに販売台数は急落。二〇〇四～二〇〇六年には一〇～一二万台と低迷しました。分析的経営であれば、撤退するところでしょう。

同じころ、フィルム事業も規模の縮小を余儀なくされますが、富士フイルムは前述のとおり、逆風下でも「写真文化を守り育てることが弊社の使命である」との宣言を発します。この踏ん張りが追い風を呼び込みます。二〇〇七年、韓国のテレビ恋愛ドラマにチェキが登場し、中国では有名モデルがブログでチェキを紹介したことがきっかけで人気が急上昇し、息を吹き返し始めるのです。

販売台数は二〇〇七年が二〇万台、二〇〇八年二五万台、二〇〇九年四九万台、二〇一〇年八七万台、二〇一一年には一二七万台と右上がりで伸びていきました。再ブレイクの動きが明確化したことから、若手中心にマーケティングチームが発足し、チェキの新たな展開を目指すことになります。

チェキの事業で、低迷時にあっても、顧客とともに「写真文化を守り育てる」という姿勢を貫いたことで、韓国ドラマに登場するなど、ユーザーからの支援を呼び込み、再浮上し始めるプロセスは、まさにロマンス劇の物語り戦略を想起させます。

この物語り戦略において、社員にとってスクリプトになったのが古森氏の提唱するビジネス五体論であり、See―Think―PDのマネジメント・サイクルでした。

一〇～二〇代の女性が大半を占めるユーザーの動向を徹底してとらえる。ユーザーが書き込むSNSを片端から読み、ユーザーたちに会っては、その声に耳を傾ける。マーケティングチームは、現場で五感を駆使し、SeeとThinkを大切にするというスクリプトにもとづく行動をとり、顧客の視点に立って再ブレイクの意味を探ろうとしたのです。

チェキで撮った写真は編集もコピーもできず、唯一無二のものです。そこにデジタル世代は新鮮な価値を感じていました。その場で相手に贈ると喜ばれる。SNSに写真をアップするときも、チェキで撮った写真をスマホで撮って載せると多くの「いいね」が集まる。

ユーザー調査のため、利用者に集まってもらうと、初対面同士、自己紹介だけでは会話は生まれないのに、そこへチェキを「二人一組で使ってみてください」と置くと、互いに撮ったり、二人で自撮りをしたりして一〇分後にはみんな友だちになっていた。

デジタル世代はチェキを、共感を醸し出すコミュニケーションツールとして楽しんでいる。チェキの本質的な価値をとらえたチームは、カメラというモノを売るのではなく、どんな使い方をすれば楽しめるのか、コトを提案する「コト提案」に注力していきました。

それは、「第二の創業」に向け、「人々のクオリティ・オブ・ライフのさらなる向上への寄与」と再定義した自社のあり方と符合するものであり、これにより、チェキの事業は富士フイルム全体の物語り戦略に明確に位置づけられたのです。

販売台数は伸び続け、二〇一八年には一〇〇二万台に到達。全世界で売れるグローバル商品へと成長していきました。

富士フイルムはVISION75を策定後、一年半かけて「技術（シーズ）の棚卸し」を行い、新規事業を模索します。それをもとに、化粧品業界への新規参入に挑戦した機能性化粧品「アスタリフト」の開発も、自社の持つ高い技術力や蓄積された知識を再活用し、新規事業を開拓するというプロットの典型であり、古森経営学がメンバーたちのスクリプトとなった例です。

ナノテクノロジー、コラーゲン加工技術、抗酸化技術など写真フィルムの最先端技術を応用し、これまでにない化粧品の機能を実現することに成功した開発リーダーは、試作品を手に、研究所を飛び出して現場へと足を運び、顧客、美容の専門家、店舗の販売員と次々会っていきました。富士フイルムがつくる化粧品が顧客にとってどんな意味を持つのか、自分たちの立ち位置が見えなかったからです。

「なぜ、富士フイルムが化粧品をつくるのか」。顧客は当初、戸惑いを見せました。そこで、開発リーダーは簡単な実験をして見せながら、「実は富士フイルムはこういうことができるんです」「こんな思いでこんなことができるようにしました」……と懸命に説明すると、「なるほど、富士フイルムだからできるんだ」と一転、納得の表情が浮かびました。

自分たちは機能価値を高めることは得意だった。その機能価値を顧客は富士フイルムならではの感性価値として感じてくれることを、現場で顧客と向き合い、See－Thinkすることでつかみ、自分たちの立ち位置を確認したのです。

発売開始は二〇〇六年秋。化粧品を柱とするライフサイエンス事業全体で二〇二〇年度には五〇〇億円規模の売上高を目指すまでに成長し、「第二の創業」を象徴する事業となりました。

古森氏は、ポスト古森の条件として「ロマンと若干の冒険心」をあげます。この「ロマン」とは、このような企業にしたいという理想像を指すのでしょう。それを目指すため、未知の世界へと踏み出すことを恐れないのが「冒険心」です。古森氏は、後継者にも未来構想力とそれにもとづく物語り戦略を求めるのです。

経営講義③ 「共感による一体感から来るパワー」がもっとも影響力が強い

未来構想力とは、リーダーが大局的なマクロの視野を持ちながら、共通善に根ざした企業の存在意義を問い、自分は何をしたいのかという生き方の目標を明確にして、複雑に絡み合うミクロの個別具体の多くの事象から必要なものごとを選び出して結びつけ、論理では到達できない未来、すなわち、不連続な未来を構想し、その未来に向けた物語りを描く能力です。

論理を超えて、新しい未来を構想する原動力になるのは、ほかでもない共感です。

古今東西の歴史において、未来構想力に優れたリーダーの代表格は、イギリスの第二次世界大戦時の首相ウィンストン・チャーチルでしょう。連戦連勝で破竹の勢いにあったナチス・ドイツに対し、既存の政権は宥和政策をとろうとしていました。ヒトラーの提案は「大陸は支配下に収めるが、イギリスの独立は保証する」というものであり、イギリスにとっても合理的なものでした。

これに対し、「イギリスはこれからも自由と民主主義の守護神であり続けねばならない」という未来像を描き、果敢にドイツと戦い抜きました。その原動力になったのは、常に市民生活の現場に出て行ったチャーチルの国民に対する共感でした。

日本で「経営の神様」と称された松下幸之助氏の「水道哲学」も同様です。水道の水のように安い価格で提供できる電気製品をつくるという未来像は、幼少期に赤貧にあえいだ幸之助氏が、それが実現できれば、人々の人生に幸福をもたらし、「この世に極楽浄土を建設することができる」という共感にもとづく未来構想力によるものでした。

FRの柳井氏は、顧客への共感から「顧客が自由に選べる環境をつくる」とアパレル店の新しい未来を発想し、顧客が世界へと広がると、「服を変え、常識を変え、世界を変えていく」というビジョンを描きました。

セブン－イレブンの鈴木氏は、衰退する小型店の立場に立ち、「小型店でも大型店との共存共栄が可能であることを証明する」という未来像から、日本初の本格的コンビニエンスストアチェーンをつくり上げました。そして、成長の踊り場に差しかかると、少子高齢化で増加する高齢者世帯や就業する女性たちへの共感から、「ミールソリューションを提供する」というコンビニの新しいモデルを構想しました。

富士フイルムの古森氏は、本業消失という未曾有の危機に不安を覚え、動揺する社員たちの気持ちを一つの方向に揃え、奮起を促すため、「二一世紀を通してリーディングカンパニーとして存続させる」という未来に向けた自社のアイデンティティを示し、「第二の創業」というスローガンを掲げ、共感を喚起しました。

本書に登場した主人公のリーダーやイノベーターたちにも同じことがいえます。ノートe-POWERを開発した技術者たちは、顧客である乗り手の気持ちになりきることで、燃費・環境性能という既存の概念の延長線上にはない「走り味の楽しさ」「ワンペダルドライブ」というモーター駆動の新しい概念を生み出しました。その実現に向け、「試乗しては乗った感覚とデータを照らし合わせ、議論し、仕様に落とし込む」というアートとサイエンスを融合させたスクリプトを重視しました。

グッジョバ!!を発案した関根氏は、飼育員の働きぶりに共感したことから、よみうりランドを再生させる意志を固めました。最初は、スタッフに「知恵を絞ること」を求めます。この「人づくり」に共感したスタッフはイベントの企画力を自ら磨き上げ、集客力を高めていきました。

そして、機が熟すと、関根氏は遊園地側の視点ではなく、顧客の視点に立って、「面白さの本質はアミューズメントもモノづくりも同じで、そこには人間の知恵が詰まっている」「モノづくりがテーマであれば、日本の製造業を支えた世代が孫世代と一緒に対話ができる」と考え、「遊びと学びの合体」というよみうりランドの未来像を描きました。

その実現のため、関根氏は部下の曽原氏とともに工場見学を重ね、机上ではなく、現場で直観を働かせて本質をつかむマッスル・インテリジェンスのスクリプトを自らが手本となって示しました。

スカイアクティブ・エンジンの開発リーダー、人見氏も、近未来においても内燃機関を必要とする人々、とりわけ新興国の人々のために、燃費・環境性能に優れたエンジンを提供したいという思いが起点でした。

エンジンの「究極の理想像」という未来像を想定し、そこに近づくための制御因子を明確にして、進む道筋を見える化したロードマップは物語り戦略のプロットそのものであり、その最初の挑戦として、常識を超えた「世界一の高圧縮比」というエンジンの未知の可能性を引き出すことを発想しました。そして、「無難なことではなく、やるのは大変でも、顧客にとって正しいことをやろう」というスクリプトを説き続けました。

NTTドコモのアグリガールたちが、相手の懐に飛び込み、顧客やパートナー企業や自治体などと「ラブリーな関係」を結ぶのは、まさに共感営業です。その営業のあり方は「夢を共創する」という未来志向の強いものです。そのため、相手との会話でも、「すごいです」「素敵です」「好きです」といったポジティブな言葉で自分の気持ちを素直に伝える「〝す〟の三段活用」を自分たちのスクリプトとしました。

日本環境設計の岩元氏は、地球上の人々のために「戦争のない社会」を実現するという思いから、「地上資源」だけを使い、「石油を一滴も使わない社会」を目指すという未来を構想しました。その活動は、その未来像への人々の共感によって支えられています。そして、その支援を引き出すためには、活動にはエンターテインメントの要素を入れ込むというスクリプトを自らに課すのです。

一般的に、人が他者に対して統制力や影響力を発揮するときのパワーのベースには、次のようなものがあるとされます。

- 合法力（組織から公式に与えられた権限からくるパワー）
- 報償力（報酬を与える能力からくるパワー）
- 強制力（処罰できる能力からくるパワー）
- 専門力（専門的知識からくるパワー）
- 同一力（共感による一体感から来るパワー）

このなかでもっとも広い範囲に力がおよぶのが、同一力といわれます。本書に登場した主人公やリーダーたちのリーダーシップのベースにあるのも、この同一力にほかなりません。

人は相手に共感し一体感を抱くと、相手の目標が自己の目標と同一化し、達成に向かって強く動機づけられる、と同時に、自発的な自己統制が働きます。同一力による自己統制であるから、誰も人から統制されているとは思わない。組織における人間統制の一つの理想的な形です。

それは、コミュニティ的な組織を思わせます。未来構想力に富んだ共感型リーダーやイノベーターのまわりには、「何がよいことか」という共通善を共有し、共感で結ばれた共同体的な場が生まれます。「管理─被管理」「売り手─顧客」の非対称性を超えた共同体的な場では、誰もが高い当事者意識を持って実践知を発揮するようになり、それが未来創造を加速させます。実際、メンバー相互の間に強い統制力が働く集団は生産性も高くなることが、実証されています。

この好循環を生み出せるところに、共感をベースに物語り戦略を遂行する組織の大きな強みがあるのです。

経営講義④ 共感経営が日本企業の閉塞状況を打開する

すべては出会いと共感から始まる。機能価値より感性価値が人々の共感を呼ぶ時代にあって、福祉機器という、本来なら小規模な市場を対象にした商品で生まれた小さなイノベーションが社会的な大きなイノベーションへと発展する可能性を秘めたプロジェクトがあります。

共感経営が日本企業の閉塞状況を打開する可能性を持つことを、この事例により、本書の締めくくりとして提示したいと思います。

参考事例③　富士通　オンテナ（Ontenna）

音の大きさを振動と光の強さに変換し、音の特徴を伝える。富士通から発売された長さ約六・五センチの手のひらサイズのそのデバイスは、製品名を「オンテナ」といいます。

マイク、バイブレーター、LEDを内蔵し、マイクが音を感知すると同時にブルブルと振動し、チカチカ光ります。コントローラーと呼ばれる装置と複数のオンテナとを通信で結んで使うこともでき、コントローラーのボタンを押すと複数のオンテナが同時に振動します。クリップがついており、髪の毛や耳たぶ、服の襟、袖などにつけることができます。

富士通から無償配付された各地のろう学校では、聴覚障害がある児童や生徒が、音楽の授業では楽器や演奏の音を振動で光と感じる、体育の事業ではバドミントンの羽根を打つタイミングを先生に振動で教えてもらうなど、授業の光景が大きく変わり、児童、生徒からは「みんなの演奏のリズムが整うようになってすごい」「バドミントンがうまくなった」との喜びの声が聞かれるようになりました。

先生たちからも、「声を発するのが苦手だった児童が積極的に発話するようになった」「打楽器に興味がなかった子どもが夢中になってたたき始めた」といった反応が返ってくるようになりました。

オンテナの開発は、富士通に一人の社員が入社したことがきっかけでした。テクノロジーソリューション部門ビジネスマネジメント本部 Ontenna プロジェクトリーダーの本多達也氏です。

はじまりは、本多氏と二人の人物との出会いでした。一人目は大学一年生のとき、学園祭で道に迷っていたのを案内した相手です。先天的に聴覚障害のあるろう者で地元のろうあ団体の会長でした。これが縁で、手話を習い始め、会長と一緒に活動しながら交流を深めていきました。

もう一人は、アルバイト先の家電量販店でテレビを売った相手で、キャンパスで偶然再会したら、自身の大学の教授でした。教授は視覚障害者に身体感覚で情報を伝える研究をしていました。本多氏はテクノロジーを使った「身体感覚の拡張」に興味を覚え、教授が担当するコースに履修変更すると、自身は聴覚障害者に音の情報を伝える方法をテーマにしました。大学四年生のときです。

最初は光の強弱で伝える装置を考案しましたが、会長は「視覚情報に頼っているろう者にとって新たな視覚情報が加わるのは負担になる」。そこで、振動で音を伝えるという設計の原型が生まれます。さらに、「風が吹くと髪がなびいて風の方向がわかるよね」と会長からヒントをもらい、神経が敏感な髪の毛にクリップでつけられるデザインにたどり着きました。

大学院二年目の二〇一四年、二五歳未満の若手ＩＴ人材を発掘育成し、研究資金を支給する「未踏プロジェクト」（独立行政法人情報処理推進機構主催）に応募。「社会的インパクトを与えイノベーションを創出する可能性を秘めたテーマ」に開発が採択されたことで、その研究は一躍脚光を浴び、実用化を求める声が内外から寄せられました。

卒業後はあるメーカーに就職。しかし、個人で研究を続けるには限界がありました。そんなとき、富士通の役員を紹介され、「オンテナを製品化したい」「特にろう学校の子どもたちに届けるための開発をしたい」と思いを伝えました。三人目の出会いです。

「未来ある子どもたちの可能性を伸ばしてあげたい」という思いに共感した役員は即答します。「うちに来てやらないか。自由にやっていい」。二〇一六年一月、富士通入社。プロジェクトが組まれ、聴覚障害者も参加し、プロトタイプづくりが始まります。

ここで注目すべきは、開発と並行して本多氏が、富士通がオンテナをつくっていることについて社外に向けて情報発信に力を入れ、異業種の人々との出会いを求めていったことでした。

特に注力したのは、エンターテインメント分野とコラボレーションしたオンテナの活用というビジネスの可能性を模索することでした。オンテナを装着して映画を観ると、ＢＧＭや映像のなかの効果音も振動で楽しめる。スポーツ観戦では場内の歓声を振動で体感できる。そこには、オンテナに込めた次のようなもう一つの思いがありました。

「福祉機器ではなく、健聴者も使いたくなる製品をつくり、ろう者と健聴者が一緒に音を楽しむ。それがオンテナがもたらす新しい未来の形になる」

テレビ局や旅行代理店などから「イベントで使いたい」といった案件が寄せられるようになります。用途が広がれば事業として成り立つ。社内には不安視する声もありましたが、本多氏は慎重論の多い中間層を飛び越え、共感してもらえる上層部と会って、「大丈夫です」といい続けました。

二〇一八年七月、事業化が決定。製造は電子デバイスの設計・開発・販売を手がける富士通エレクトロニクスが請け負うことになり、量産開発チームが発足します。もっとも重要なソフトウェアは、エース級の石川貴仁・同社ソリューション技術本部プロジェクトリーダーが担当することになりました。

当初、乗り気ではなかった石川氏も、「障害の有無に関係なく、一緒に音を楽しめる未来をつくりたい」という思いに共感。チーム全員でろう学校を訪ね、製品を使うことになる子どもたちの姿を目に焼きつけると、期限の二〇一九年三月まで九カ月という短期決戦に挑んでいきました。

プロトタイプづくりで本多氏がつかんだ振動の感覚を石川氏がスペック化する。試作をろう学校で使ってもらい、フィードバックする。このサイクルを繰り返し、音のパターンをもっともよく表現できるスペックを探り続けました。「超短期の開発は苦労の連続でも、試作をしてろう学校に持っていくと、子どもたちが喜んでくれる。笑顔が見たくて頑張りました。一三年間開発を続けてきて、最高に幸せな開発でした」と石川氏は振り返ります。

二〇一六年六月、全国一〇六校のろう学校のうち、希望する学校にはオンテナ一〇台とコントローラー一台の無償配付を決定。翌七月、通販サイトで個人向けに販売開始。各種イベントでの利用を想定し、スポーツ・文化団体向けの貸与サービスや企業向けの複数台数のセット販売も始まりました。

卓球のTリーグの試合で卓球台の近くにマイクを設置し、ろう者と健聴者がラリー音を振動と光で共有して観戦する。能の舞台を同じように振動と光で鑑賞する。東京モーターショーではエンジン音を振動で体感する等々、各種イベントも企画されるようになりました。

現在、本多氏はＡＩを使い、使用目的に合わせて特定周波数にだけ反応する技術開発を国の研究プロジェクトとして進めています。

本多氏は、起業の誘いも受けながら独立の選択はしませんでした。理由をこう話します。

「もし企業に入らなければ、これほど短期間で完成度の高い製品をつくることはできなかったでしょう。日本の大企業には、製品化の多様なノウハウがヘリテージとして蓄積されています。自分の研究を実現したいという目標を持った若者が大企業の力を借りながら、思いを形にして社会実装していく。自分はそのロールモデルとして道筋を切り拓いて行きたいと思います」

オンテナの事例の解釈、そして、本書のまとめ

本多氏は、聴覚障害者の置かれた状況に共感するなかで、共生のあり方の本質を直観し、「ろう者と健聴者が一緒に音を楽しむ新しい未来」という跳ぶ仮説を導き出し、未来創造の物

語り戦略を推し進めました。二人称から一人称へ、そして三人称へという展開です。

オンテナのようにエッジの利いたイノベーションはたいてい、ベンチャー企業から生まれます。大企業の場合、革新的で独自性のあるアイデアが生まれても、さまざまな部署や人間からの圧力によりエッジが削られ、凡庸化してしまうからです。

では、富士通という、グループ総従業員数が一三万人を超える巨大組織でも、なぜ、オンテナをつくり出すことができたのでしょうか。

第一に、未来構想力を持った異能のリーダー人材を外から取り込み、プロジェクトを発足させ、発想と行動の自由度を保証したことがあります。ただ、それだけでは、社内の圧力により、プロジェクトは思うようには進まなかったでしょう。

注目すべきは、リーダーの動き方です。本多氏は、社内外での共感の力により、その圧力を排除していきました。まず、組織の内部だけに頼るのではなく、自ら外に向けて働きかけます。情報発信によりオンテナの社会的認知度を高めながら、エンターテインメント分野を中心に多様な人々と出会い、オンテナが可能にする未来像への共感を得て、ビジネスでの活用の可能性を開拓し、外から内へと攻める戦略をとりました。

一方、内部に対しては、オンテナ事業のリスクを危惧する層とは距離を置き、一定の階層以上の人間にアプローチし、オンテナへの共感を求め、いわゆる〝握る〟関係を結んでいきました。「ろう者と健聴者が一緒に音を楽しむ新しい未来」という理想を追求すると同時に、組織を動かす政治的センスも駆使する理想主義的プラグマティズムがここにあります。

特に、本多氏の場合、合法力でも、報酬力でもなく、社内外の共感に根ざした同一力で組織を動かしました。共感型リーダーの典型的なあり方を見る思いです。

もう一つ、着目すべきは、量産化の段階で、コンセプチュアルなリーダーである本多氏が製品化の技術と経験を積んだ現場リーダーの石川氏と出会い、共感で結ばれた異質な人材同士のペアが生まれていることです。

本多氏が蓄積した心地よい振動の暗黙知を、石川氏がスペック化して形式知に転換していく。同質な人間同士では忖度以上のものは生まれませんが、異質であるがゆえに知的コンバットにより、さまざまな矛盾や課題が克服されていく。リーダー個人の思いを組織化し、実現するときの人間関係の基本として、リーダーとは異質ながら、相互補完する人材とのペアリングの重要性を示しています。

オンテナは小さなイノベーションですが、振動と光により五感の感覚質の質量を豊かにするオンテナ・ワールドへの共感が広がれば、社会的にもインパクトのある大きなイノベーションに転じる可能性を持ちます。

オンテナのアイデアは、富士通の役員と出会い、共感にもとづく全面的な支援が得られたことで、組織の圧力も排除され、短期間で製品化にこぎ着けることができました。共感経営には、共感にもとづく上層部の支援がなにより必要であることを物語ります。

本書の事例でも、リンクルショットの開発リーダー、末延氏が開発中止や方針変更を求める上層部を抑えて継続することができたのも、創業者の孫で、本田宗一郎氏に憧れ、ホンダでエンジニアを経験したこともあるポーラの鈴木郷志社長からの共感があったからです。

スカイアクティブ・エンジンのプロジェクトにおいても、人見氏が世界一の高圧縮比を目指したのに対し、「高圧縮比よりダウンサイジングだ」と否定論が巻き起こるなかで、新任の本部長が着任し、「人見の技術を信じ、心中する覚悟である」と共感してくれたことで、プロジェクトが再スタートします。その本部長こそ、「スカイアクティブ・エンジンの立役者」と呼ばれる藤原清志・現副社長です。

アグリガールも、非公式ながら会社の名刺でそれを名乗るという異色な存在でしたが、活動に共感した役員がメンターとなって応援し、階層を飛び越えて、いつでもどこでも相談できたことで、案件をアジャイル（迅速）に進めることができました。

序章で登場した元キリン副社長の田村氏は、高知支店長時代、本社の指示どおりではなく、独自の取り組みを続けたことから、当初、本社の分析派の企画部門との間で軋轢や摩擦が生まれました。しかし、やがて本社のなかにも、「一人でも多く高知の人々に喜んでもらいたい」という高知支店の理念への共感が広がり、支援してくれる応援団のような存在があらわれるようになります。共感が連鎖していったことで悲願のシェア奪回が果たされるのです。

人と人との共感に根ざした同一力は、合法力にも、報償力にも、強制力にも勝ります。共感は、組織における時間軸、空間軸、階層軸などさまざまな軸から生じる圧力や抵抗を排除しながら、かかわる人々の当事者意識を高め、リーダーやイノベーターの跳ぶ仮説を物語り戦略により実現へと導き、イノベーションへとつなげていきます。

日本企業はいま、分析過多、計画過多、コンプライアンス過多の〝三大疾病〟に陥って活力を失い、組織能力弱体化が進んでいると述べました。この三大疾病が組織の圧力を生み、イノベーションの芽を摘む。この圧力を排除するのが共感の力であり、共感経営の醍醐味です。

野中が組織的知識創造理論を構築し、暗黙知の共有、すなわち、共感を原点とするSECIモデルを着想するに至るきっかけは、「ジャパン・アズ・ナンバーワン」と讃えられるほど、勢いがあった一九八〇年代の日本企業の商品開発の現場を研究したことがきっかけでした。

そこにあったのは、個人の能力の限界を自己超越の狂気とチームのメンバー同士が共振・共感・共鳴し、共創で挑戦していくイノベーションのモデルでした。

研究・開発・生産・営業などの各部門が相互乗り入れする。あるいは、それぞれの部門が互いに相手の領域に入り込みながら学び合う。サプライヤーにも単なる部品の受注ではなく、開発の早い段階から参画を求める。野中はそれをラグビーの「スクラム」にたとえました。

このラグビーのメタファーが象徴するように、人々を結びつけたのは「ワンチーム（One Team）」の共感でした。

二〇一九年秋、日本ではラグビーワールドカップが開催され、日本代表チームの選手たちが、互いに全身全霊で向き合って共感し合い、見事なワンチームをつくり上げていく姿に日本中が共感し、感動を覚えました。

人間関係の本質は共感にある。いまこそわれわれは、かつての日本人がイノベーションの原動力とした共感する力を取り戻し、共感経営を実践すべきではないでしょうか。

あとがき

野中の研究テーマの一つに「戦史に学ぶ戦略の本質」があり、その題材として、アメリカ海兵隊の研究があります。海兵隊は戦時に緊急展開部隊として最前線に派遣され、水陸両用作戦を展開して敵前上陸し、後続部隊のための橋頭堡を築くことが主な任務です。

著者らが一八年間続ける連載「成功の本質」の取材のやり方を海兵隊の戦い方にたとえれば、取材相手に対して質問をし、プロジェクトの内容をヒヤリングするジャーナリストの勝見は、敵前上陸して地上戦を戦う地上部隊になります（海兵隊ではライフルマンと呼ばれます）。アリのように一歩一歩進んでいく。

一方、取材相手が話す内容を聞きながら、適宜、的確な質問で本質を突く経営学者の野中は上空から攻め込む航空部隊にたとえられます。鷹の目で獲物を逃さない。そして、後方から艦砲射撃や補給などで支援するのが編集担当の荻野進介氏です。

著者らの取材も共感がベースになります。取材相手に共感し、成功の本質を直観し、跳ぶ仮説を導き出して、取材対象についてそれまで報道されてきた内容とは違う次元の物語りを引き出す。

そのため、原稿の発表後、取材相手からたびたび、「これだけ完璧に中身を的確にとらえて書いていただいたのは今回が初めてで少々驚きました」といった言葉をいただきます。

たとえば、連載を単行本化した第一弾の『イノベーションの本質』を上梓したとき、収録した事例の一つ、海洋堂の宮脇修一社長から、次のようなコメントもいただいたことがあります。海洋堂は食玩（お菓子につくおまけのフィギュア）で注目を浴びた企業です。

「（取材は）さまざまな雑誌から山のように受けましたが、そのほとんどが『好きなものを情熱かけてつくったらヒットした』みたいな表層をなでたものばかりでした。ところがこの本では、それらとは一線を画し、海洋堂という会社の『やりかた』や『考え方』を的確に指摘しています。一度の取材でなぜここまで分析・理解できたのか、感嘆せざるを得ません。同じ内容を聞いても、その理解と咀嚼は他と根本的に異なるのでしょう。外側からビジネスケースとして海洋堂を取り上げた記事の中ではピカイチです」

「理解と咀嚼」が異なるのは、著者らの〝共感取材〟によるからでしょう。

著者らも互いに共感で結ばれています。根底にあるのは一つの思いです。忘れられないエピソードを紹介しましょう。

九州の山あいにある黒川温泉へ、出張取材に出かけたときのことです。ひなびた宿で囲炉裏を囲みながら酒を酌んだあと、露天風呂に浸かり、満天の星を眺めながら、著者らはこんな会話を交わしました。

勝見「先生は、なぜ、経営学という学問を続けているのでしょうか」
野中「……それはやっぱり、日本の経済、企業、そこで働く人たちにもっと元気になってほしいからかな」
勝見「それは、わたしもまったく同じです」
日々、仕事で汗を流す多くの人々を元気づけたい。企業の第一線で奮闘する人々への共感は変わることのない一貫した思いでした。本書を手にとられた読者にその共感が伝わることを、著者らは願ってやみません。

著者らが一八年にわたり、連載を続けてこられたのは、最前線で取材にあたるわれわれの判断と行動に対し、『Ｗｏｒｋｓ』編集部の全面的な支援があったからです。連載のためのスペースを著者らは自由裁量で使うことができました。同編集部の石原直子編集長、編集部のスタッフは心強い後方支援部隊でした。

共感（相互主観性）の研究については、山口一郎・東洋大学名誉教授と野中との共同研究がなければ、本書は成り立たなかったでしょう。

スケジューリングをはじめ、仕事の円滑な遂行は、一橋ビジネススクール国際企業戦略専攻野中研究室の川田弓子氏の優れた調整力によるものでした。

出版にあたっては、前著『全員経営』（二〇一五年）に続いて、日経ＢＰ日本経済新聞出版本部長の白石賢氏に機会をいただき、また、編集については、同本部第1編集部編集委員の堀口祐介氏の的確な助言とサポートをいただいたことで、本書は日の目を見ることができました。堀口氏には、野中と研究仲間との共著シリーズ『戦略の本質』『国家戦略の本質』『知略の本質』の編集も担当してもらっています。

いつもながら舞台裏では、著者らの活動を日常生活の世界で健康面、精神面から支え続けてくれた家族たちには感謝の言葉を贈ります。

なにより心から謝辞を献じなければならないのは、忙しいなか、著者らの取材行脚のため、貴重な時間を割き、微細にわたり語っていただいた登場人物の方々です。未来創造のため、仕事と真剣に向き合う地道な日々がなければ、本書を仕上げることはできませんでした。

著者らを支えていただいた多くの方々に本書を捧げたいと思います。

二〇二〇年四月

野中郁次郎
勝見　明

主要参考文献

野中郁次郎・竹内弘高『知識創造企業』東洋経済新報社　一九九六年
野中郁次郎・勝見明『イノベーションの本質』日経ＢＰ　二〇〇四年
野中郁次郎・勝見明『イノベーションの作法』日経ビジネス人文庫　二〇〇九年
野中郁次郎・勝見明『イノベーションの知恵』日経ＢＰ　二〇一〇年
野中郁次郎・勝見明『全員経営』日経ビジネス人文庫　二〇一七年
野中郁次郎『知的機動力の本質』中央公論新社　二〇一七年
野中郁次郎・山口一郎『直観の経営』ＫＡＤＯＫＡＷＡ　二〇一九年
野中郁次郎・戸部良一・河野仁・麻田雅文『知略の本質』日本経済新聞出版社　二〇一九年
山口一郎『現象学ことはじめ』日本評論社　二〇〇二年
堂目卓生『アダム・スミス』中公新書　二〇〇八年
野中郁次郎・紺野登「戦略への物語アプローチ」『一橋ビジネスレビュー』　二〇〇八年夏号
野中郁次郎・広瀬文乃「集合知の競争と綜合による戦略的物語りの実践論」『一橋ビジネスレビュー』　二〇一四年冬号
立木教夫「ミラーニューロン・共感・利他」『モラロジー研究』No.78　二〇一六年

【著者紹介】

野中郁次郎（のなか・いくじろう）

1935年生まれ。一橋大学名誉教授・早稲田大学特命教授。早稲田大学政治経済学部卒業後、富士電機製造勤務を経て、カリフォルニア大学経営大学院にてPh.D取得。一橋大学大学院国際企業戦略研究科教授を経て現職。著書に『失敗の本質』『知識創造企業』『戦略の本質』『直感の経営』『知略の本質』（各共著）など多数。

勝見 明（かつみ・あきら）

1952年生まれ。東京大学教養学部教養学科中退後、フリージャーナリストとして経済・経営分野を中心に執筆。企業組織経営・人材マネジメントに詳しい。著書に『鈴木敏文の統計心理学』『イノベーションの本質』（共著）『全員経営』（共著）など多数。

共感経営

2020年 5月21日　　1版1刷
2021年 11月30日　　　5刷

著　者　野中郁次郎・勝見　明

発行者　白石　賢

発　行　日経BP
日本経済新聞出版本部

発　売　日経BPマーケティング
〒105-8308　東京都港区虎ノ門4-3-12

DTP　マーリンクレイン

印刷・製本　シナノ印刷

ISBN978-4-532-32337-0